Christoph Türcke
Fundamentalismus – maskierter Nihilismus

Christoph Türcke

Fundamentalismus – maskierter Nihilismus

Erste Auflage 2003
© 2003 zu Klampen Verlag · Springe
www.zuklampen.de · info@zuklampen.de
Satz: thielenVERLAGSBÜRO · Hannover
Umschlag: Groothuis, Lohfert, Consorten · Hamburg
Gesamtherstellung: FVA · Fulda

ISBN 3-934920-31-4

Bibliografische Information Der Deutschen Bibliothek
Die Deutsche Bibliothek verzeichnet diese Publikation in der
Deutschen Nationalbibliografie; detaillierte bibliografische
Daten sind im Internet über ‹http://dnb.ddb.de› abrufbar.

Inhalt

Vorwort 7

1. The Fundamentals 15

2. Kleine Genealogie des Begründens 25

3. Ästhetischer Fundamentalismus 54

4. Weicher Fundamentalismus 82

5. Zionismus 99

6. Hollywoodismus 121

7. Kehrreim des Fundamentalismus 144

Vorwort

Die *Twin Towers* waren nicht nur eine praktische Unterbringungsmöglichkeit für viele Leute auf wenig Raum, sondern auch ein hoch aufragendes Symbol. Darin sollte anschaulich werden, wo die globalen Fäden zusammenlaufen. Von Anfang an war es als Weltattraktion gemeint: ebenso für das internationale Kapital wie für die Touristenströme aus aller Herren Länder. Aber auch die Herzen der Amerikaner sollte es höher schlagen lassen, auf schnörkellose Weise all das verkörpern, was die USA groß gemacht hat: den freien, gleichberechtigten, durch faire Regeln gezügelten Wettstreit der körperlichen und geistigen Kräfte, der Produkte, Erfindungen, Interessen, Überzeugungen, Ideen. Die *Twin Towers* standen da wie die wahren Interpreten der demokratischen Freiheit. Waren sie nicht die *body guards* der Freiheitsstatue, die sich in ihrem mächtigen Schatten wie ein Zuckerpüppchen ausnahm und nach ihrer glorreichen Obhut geradezu zu verlangen schien?

Gewiss, nicht alle mochten die *body guards*. Strahlten sie doch für diejenigen, die beim Wettstreit der Kräfte auf der Strecke geblieben waren oder den »freien Welthandel« lediglich als eine obszöne, alles entweihende Weltmacht hemmungslosen Schacherns, aber nicht als Nährboden menschlicher Würde erlebten, eine unmissverständliche Botschaft aus: Ihr seid die Verlierer; ihr gehört nicht dazu. Weltattraktion war die doppelte New Yorker Siegessäule von Anfang an auch in dem Sinne, dass sie weltweit Hass auf sich zog. Und wer sich nicht am gehassten Objekt selbst austoben kann, entschädigt sich gewöhnlich damit, dass er sich wenigstens ausmalt, wie es wäre, wenn er es zerstörte. So gehörte zu den psychologischen Gestehungskosten der *Twin Towers* auch ein Wust von mehr oder weniger heftigen Wünschen, Träumen, Halluzinationen ihres Zusammenstürzens – halb Kinderspiel, halb Wut im Herzen. Um ihnen ein ästhetisches Ventil zu geben, bedurfte es keines Übermaßes an Phantasie. Ein Griff ins Bild- und Dramaturgiearsenal von Hollywood genügte. *Independence Day*, der Film, der einen Großangriff aufs Pentagon durchspielt, war seit fünf Jahren auf dem Markt, als der Angriff wirklich stattfand. Die Fotomontage der brennenden *Twin Towers*, die die kalifornische Musikgruppe *The Coup* für das Cover ihres neuen Albums *PartyMusic* vorgesehen hatte, lag im Juni 2001 bereits vor. Das Album erschien im Oktober – mit anderem Cover. Der Clou war der Spot einer Hamburger Werbeagentur. »Man sah da ein stilbewusstes junges Paar in einem Straßencafé vor Hochhauskulisse Kaffee und Rotwein trinken, als plötzlich der Tisch zu zittern beginnt, Lärm anschwillt und zum Entsetzen der Umstehenden ein Airbus durch den Wolkenkratzer bricht. Die Pointe ist, dass er nicht nur das Hochhaus zerfetzt, sondern auch das an ihm befestigte Plakat mit der Service-Nummer 11880, für das der Spot Werbung machen wollte. [...] Seine Fernsehpremiere erlebte der Spot am 9. September 2001. Zwei Tage später wurde er aus dem Programm genommen.«[1] Unsinn also, dass am 11. September ein unvorstellbares Verbrechen geschah. Die vielfältigen Vorstellungen davon waren längst in Filmbildern geronnen.

Dass diese Bilder grauenhafte Realität wurden, und zwar so, dass die Weltöffentlichkeit daran teilhaben konnte, als säße sie vor einem Hollywood-Spektakel – dazu musste etwas anderes wirksam werden als Phantasie: ein eiserner, lang trainierter Wille zum Martyrium. Der allerdings war in der westlichen Welt kaum mehr vorstellbar. Wer ist dort noch von den Grund-

---

[1] M. Siemons, *Das ist das Virus*. Realitätsschock: Der Westen nach dem 11. September, in: Frankfurter Allgemeine Zeitung, 10.9.2002, S. 33

sätzen, zu denen er sich bekennt, so zuinnerst erfüllt, dass er bereit wäre, sein Leben dafür zu lassen? Die Attentäter vom 11. September hatten solche Bereitschaft. Man mag noch so betonen, dass sie ihr eigenes islamisches *Credo* missverstanden und sich derart pathologisch darauf versteiften, dass ein ganz gemeines Verbrechen daraus hervorging – sie haben im Namen Allahs ein ungeheures Zeichen gesetzt, dem sie ihr ganzes Leben weihten. Dafür werden sie in weiten Teilen des Nahen und Mittleren Ostens als Märtyrer verehrt, im Westen als fundamentalistische Terroristen gescholten.

Fundamentalisten – wie spricht man mit denen als aufgeklärter Mensch? Erzählt man ihnen etwas von Religionsfreiheit, Toleranz, Demokratie, also von Werten, die besagen, dass jeder nach seiner Façon selig werden kann, dass man die Überzeugungen anderer auch dann zu dulden hat, wenn man sie als pervers empfindet, dass die Mehrheit darüber entscheidet, was rechtens ist – und dass dies alles die Würde des Menschen ausmachen soll? Das ist vergebene Liebesmüh' bei Leuten wie Mohammed Atta, der eine jahrelange Ingenieursausbildung in der verhassten westlichen Welt auf sich nahm und eigens einen Pilotenschein machte, um schließlich ein Flugzeug ins World Trade Center zu steuern. Es prallt ebenso an den Geistlichen und Lehrern ab, die in Palästinenserlagern Jugendliche auf Selbstmordattentate vorbereiten. Diskussion über die eigenen religiösen Grundsätze? Das ist würdeloses Palaver für sie. Was einem heilig ist, darüber diskutiert man nicht. Und so lautstark der aufgeklärte Westler diese Haltung als verbohrt von sich weisen mag, einen Stich versetzt sie ihm doch. Sie lässt ihn spüren, dass Diskussion nicht an sich gut ist, sondern allenfalls ein Zweitbestes. Wer sie nötig hat, dem fehlt das Beste: die sich von selbst verstehende Gewissheit, das wortlose Einverständnis. Und wer sehnte sich nicht danach?

Der Fundamentalismus suggeriert, dies Ersehnte zu haben. In der Empörung gegen ihn steckt auch verstohlener Neid. Ach, wäre man seiner eigenen Sache doch so gewiss wie er sich gibt.

Ernst nimmt ihn erst, wer ihn als Prüfer auf Herz und Nieren, theologisch gesprochen, als *Versucher* der modernen Welt begreift. Über echte Versuchung ist niemand erhaben. Wie wehrt man sich denn gegen Fundamentalisten, wenn demokratisches Zureden nicht verfängt? Man ist genötigt, sie an Gewaltaktionen mit Gewalt zu hindern – sich ähnlich diskussionslos auf Menschenrechte und Toleranz zu versteifen wie sie auf den *Djihad*. So gesehen war der 11. September geradezu ein Etappensieg für den Fundamentalismus. In dem Maße, wie er in der demokratischen Weltpresse zum Bösen schlechthin avancierte, machte er auch Fortschritte darin, die demokratische Welt nach seinem Bilde zu gestalten. Da waren zunächst am Ort des Geschehens die hysterischen Hausdurchsuchungen und Kontrollen nach dem Attentat, die diffuse Verdächtigungsatmosphäre gegen alles, was irgendwie arabisch oder islamisch aussah. Es folgte, im Namen all dessen, was die *Twin Towers* verkörpert hatten, der Krieg gegen Afghanistan. Er wurde von urdemokratischen Intellektuellen wie Francis Fukuyama, Samuel Huntington und Amitai Etzioni als Kampf gegen Al Qaida deklariert und insofern als »moralisch gerechtfertigt«[2], hinterließ ein Vielfaches der Verwüstungen, die auf dem *Ground Zero* entstanden waren, war völkerrechtlich mehr als zweifelhaft – und für viele Verbündete Amerikas eine gute Gelegenheit, brutales Vorgehen gegen missliebige Minderheiten als »Kampf gegen den Terrorismus« auszugeben. Unter diesem Etikett registrierte *amnesty international* bald eine sprunghafte Zunahme weltweiter Menschenrechtsverletzungen.[3]

Wenn man sich auf »westliche Werte« ebenso versteift wie der Fundamentalismus auf heilige Schriften, dann verhält man sich nicht nur wie er, man gerät auch ins Hintertreffen. Besagte »Werte« vertragen solche Art von Zuspruch nämlich schlecht.

---

[2] *...dann ist Gewalt als letzter Ausweg moralisch gerechtfertigt.* US-Intellektuelle rechtfertigen den »gerechten Krieg« gegen den Terror und unterstützen Präsident George W. Bush, Frankfurter Rundschau, 14.2.2002, S. 14

[3] Cf. ai-Journal, März 2002, http://www.amnesty.de

Sie verlangen etwas anderes als die Identifikation mit ihnen. Man insistiere doch einmal ohne Wenn und Aber auf Toleranz, und schon befindet man sich in jener Zwickmühle, die die Philosophen »performativen Widerspruch« nennen. Die Bereitschaft, andere Meinungen zu dulden, hört nämlich spätestens dort auf, wo jemand erklärt, er halte nichts von Toleranz. Gegen den muss die Toleranz, um ihrer Selbstbehauptung willen, intolerant werden. Und ähnlich wie ihr geht es auch den andern demokratischen »Werten«. Solidarität: auch mit jedem Schuft? Freiheit: auch zu jeder Gemeinheit? Gleichheit: ohne Rücksicht auf jede individuelle Besonderheit? Solche Begriffe als »Werte« festschreiben zu wollen, ist bereits der Beginn der Versteifung. Sie sind viel zu wenig eindeutig, als dass man sich so auf sie berufen könnte, wie andere auf bestimmten Geschichten insistieren: etwa dass Mohammed Allahs wahrer Prophet oder Christus wahrhaft von den Toten auferstanden sei.

Wer sich zu demokratischen Grundbegriffen wie zu Glaubenssätzen verhält, der ist schon ins Kraftfeld des Fundamentalismus getreten. Dessen kategorische Ablehnung gehört in der westlichen Welt zwar zum guten Ton. Selbst moderne Kirchenleitungen profilieren sich als seine Gegner. Um so bemerkenswerter, wie er auf seine Widersacher abfärbt, wie seine Militanz auch sie militanter macht, sein Insistieren auf letzten Gründen auch sie härter auf Grundwerte pochen lässt und sie schließlich vor die Frage stellt: Wer es wirklich ernst meint mit Grundwerten, kann der sich anders zu ihnen verhalten als zu einem unbedingt gültigen Fundament, also fundamentalistisch? Oh, er ist ein großer Versucher, der Fundamentalismus. Denen, die hier demokratisch lavieren, raunt er zu: Macht euch doch nichts vor; auf die Dauer haltet ihr das hektische, unsichere moderne Dasein nicht aus, wenn ihr eure Existenz nicht auf ein stabiles Fundament gründet, das euch ein Leben lang Halt gibt. Und die demokratischen Grundbegriffe sind viel zu undefiniert und unpersönlich, um das zu leisten. Nur eine unbezweifelte, unzerredete höhere Macht ist dazu in der Lage. Entweder ihr habt ein Fundament oder ihr habt nichts. Und dass ihr eigentlich nichts habt, zeigt sich das nicht an der permanenten Unruhe, die euch umtreibt, am Zwang zu ständigem Wirtschaftswachstum, an der unablässigen Sucht nach Neuem, an der gigantischen Unterhaltungs-, Ablenkungs- und Zerstreuungsmaschinerie der Massenmedien, ohne die ihr euer Leben gar nicht mehr aushaltet? Klammert ihr euch nicht an diese Maschinerie, als wäre sie ein Gott, obwohl ihr genau wisst, dass sie keiner ist? Verrät nicht gerade euer Versessensein auf die flimmernde Unterhaltungs- und Spaßwelt, wie hohl und leer ihr innerlich seid: dass ihr in einer zutiefst nihilistischen Kultur lebt?

Echte Versucher pflegen die Wahrheit zu sprechen, nur nicht die ganze. Niemand deckt denn auch den nihilistischen Grundzug in der sich globalisierenden Unterhaltungs- und Spaßkultur schonungsloser auf als militanter Fundamentalismus. Es ist geradezu seine philosophische Leistung, dem abstrakten Gespenst des modernen Nihilismus größte Anschaulichkeit zu geben, indem er es in den grellen Farben industrieller Kultur malt. Nur eines verschweigt er dabei: dass er selbst jener Welt angehört, in der diese Kultur expandiert. Alle Mittel, die sie ihm an die Hand gibt, ergreift er bereitwillig. Moderne Waffen- und Informationstechnologie eignet er sich an, wo immer er ihrer habhaft wird. Er hat nicht die geringsten Skrupel, seinen Gläubigen durch modernste Massenmedien einzupeitschen, dass Ehebrecherinnen zu steinigen sind und Dieben die Hand abgehackt gehört, wie das alte islamische Gesetz, die *Scharia*, es befiehlt. Bis zum 11. September 2001 mag es absurd geschienen haben, Fundamentalismus mit Showbuisness zu assoziieren. Dann assoziierte er sich selbst damit und inszenierte eine *reality show* ohnegleichen. Damit katapultierte er sich ins Zentrum der Weltöffentlichkeit und gab zu verstehen: Fundamentalismus ist nicht nur ein Problem von Schwellenländern, von Weltgegenden, wo Industrie, Marktwirtschaft und Demokratie noch nicht genügend

Fuß gefasst haben. Er stellt diese »westlichen Werte« vielmehr dort in Frage, wo sie am meisten heimisch scheinen. Wären sie tatsächlich das fest in sich ruhende kulturelle Fundament des Westens, als das sie ständig beschworen werden, so hätte der Angriff aufs *World Trade Center* ihnen kaum etwas anhaben können. Doch was er angriff, ist längst schon angegriffen. Er hat die »westlichen Werte« weniger von außen erschüttert als ihre innere Unsicherheit offenbart. Und doch vermochte er das nur, indem er die Sprache der verhassten haltlosen Unterhaltungskultur sprach und Massenmord als Riesenspektakel veranstaltete. Damit hat er der westlichen Welt ihre eigene Melodie so drastisch vorgespielt wie niemand zuvor; der Komponist Karlheinz Stockhausen erblasste vor Neid.[4] Aber zugleich kam heraus, dass diese Melodie auch seine ist: eben die des Fundamentalismus. Ins Zentrum der westlichen Welt dringt er nur vor um den Preis, dass er selbst macht, was er als Inbegriff nihilistischer Massenkultur schmäht: *show*.

Die ungeheure Assoziation mit dem Showbusiness, die er am 11. September geleistet hat, verändert seinen ganzen Aspekt. Der Fundamentalismus ist noch längst nicht voll durchschaut. Es muss neu durchbuchstabiert werden, was er ist und wie er es wurde. Der Philosoph Karl Jaspers hat den Begriff »Achsenzeit« geprägt. Er meinte damit die Epoche um 500 vor Christus, wo »annähernd gleichzeitig in China, Indien und dem Abendland, ohne dass sie gegenseitig voneinander wussten«, Konfuzius, Laotse und Buddha, die alttestamentlichen Propheten wie die griechischen Philosophen und Tragiker, einen singulären geistigen Durchbruch schafften. »In diesem Zeitalter wurden

---

[4] In einem Interview sagte er: »Das ist das größte Kunstwerk, das es überhaupt gibt für den ganzen Kosmos. Stellen Sie sich das doch vor, was da passiert ist. Da sind also Leute, die sind so konzentriert auf eine Aufführung, und dann werden 5000 Leute in die Auferstehung gejagt, in einem Moment. Das könnte ich nicht. Dagegen sind wir gar nichts, als Komponisten.« (Zit. n. Spiegel Online, 2001, http://www.spiegel.de/kultur/gesellschaft/0, 1518,157890,00.html)

die Grundkategorien hervorgebracht, in denen wir bis heute denken, und es wurden die Ansätze der Weltreligionen geschaffen, aus denen die Menschen bis heute leben.«[5] Wie, wenn sich, gleichsam im Kleinformat, auch für den Fundamentalismus eine Achsenzeit ausmachen ließe, wo völlig unabhängig voneinander und auf verschiedene Weltgegenden verstreut, Ereignisse stattfanden, denen zunächst nicht anzusehen war, dass sie »Grundkategorien« enthalten könnten, in die unser ganzes Denken wie in einen Sog hineinzugeraten droht? Diesem Verdacht wird im folgenden nachgegangen. 1910 ist das Jahr, in dem der Fundamentalismus seinen Namen bekam, aber auch das Jahr, in dem das erste Hollywood-Studio gegründet wurde. Die entscheidenden Jahre des Durchbruchs zur avantgardistischen Kunst sind die um 1910. Dies ist auch die Zeit, wo die zionistische Bewegung zur Kolonisierung Palästinas schritt. Vier disparate Begebenheiten, zugegeben. Sie hatten zunächst nichts miteinander zu tun und wurden zudem vom Heraufzug des Weltkriegs und der sozialistischen Revolution überschattet. Im grellen Licht des 11. September beginnen sie jedoch gemeinsam zu funkeln, als gehörten sie immer schon zusammen. Sie geben zu verstehen, dass die mörderische Assoziation von Fundamentalismus und Showbusiness keine bloße Laune ist, vielmehr Anlass, den Fundamentalismus in doppelter Hinsicht bitter ernst zu nehmen: als Kritiker ebenso wie als Angehörigen der modernen nihilistischen Unterhaltungskultur. Im folgenden soll nicht nur das Nihilistische deutlich werden, das von Anfang an im Fundamentalismus steckte, sondern auch wie der moderne Nihilismus allmählich fundamentalistische Züge gewinnt. Fundamentalismus und Nihilismus stecken tief ineinander. Entweder man begreift und bekämpft beide zusammen – oder keinen von beiden.

---

[5] K. Jaspers, *Vom Ursprung und Ziel der Geschichte*, München 1949, S. 20 f.

1. The Fundamentals

Zuerst muss etwas da sein, dann kann es benannt werden. So auch beim Fundamentalismus. Er ist ein Kind der industriellen Revolution. Ab der Mitte des 19. Jahrhundert begannen sich in Mitteleuropa allmählich seine Konturen abzuzeichnen, aber es dauerte noch ein halbes Jahrhundert, bis das Wort fiel, das ihm dann als sein Eigenname anhaften sollte. Das geschah in den USA und war ein Musterfall von *american sponsoring*. Ein streng protestantischer Ölmillionär aus Südkalifornien, Lyman Stewart, begründete 1910 eine Schriftenreihe, die ein großes »Zeugnis der Wahrheit« geben, »die besten und loyalsten Bibellehrer der Welt« versammeln und deren »Meisterstücke« veröffentlichen sollte. Und »um sicherzustellen, dass die Wahrheit nicht wegen Unerschwinglichkeit darbe«, ordnete er freie Verteilung an jeden Pastor, Missionar, Theologieprofessor, Theologiestudent, College- und Sonntagsschullehrer in der englischsprachigen Welt an: »insgesamt etwa drei Millionen Einzelbände«.[6] Er ließ sich »die Wahrheit« wahrlich einiges seiner Ölprofite kosten, gab der Schriftenreihe den programmatischen Titel *The Fundamentals*, verlangte, sie möge für jeden verständigen Menschen klar herausarbeiten, worauf in der Zeit des großen sozialen und mentalen Umbruchs einzig unbedingter Verlass sei, nämlich auf Gottes in der Bibel aufbewahrtes Wort – und setzte mit dem Gottvertrauen eines calvinistischen Geschäftsmannes auf den Erfolg seiner Investi-

---

[6] G. Marsden, *Fundamentalism and American Culture*, New York 1980, S. 118 f.

tion. Der war zunächst nicht sehr durchschlagend. Dafür stellte sich eine Langzeitwirkung ein. Wie das Bestehen auf unverbrüchlicher Gültigkeit und Wahrheit der heiligen Schrift das gedankliche Zentrum der neuen Schriftenreihe war, so wurde die Reihe selbst allmählich zum Sammelbecken all der protestantischen Strömungen, die die moderne industrielle Welt als Ausverkauf ihres Glaubensfundaments erfuhren.

Dass nur die gepredigte und geglaubte Schrift selig machen könne, war zwar seit Luther allgemeiner protestantischer Grundsatz, aber die kirchliche Hierarchie und Staatstreue, die der europäische Protestantismus sogleich zu pflegen begann, versetzte die Kirchenoberen sehr bald wieder in die Rolle von Hirten, die den Schafen sehr deutlich sagten, wie sie die Schrift zu verstehen hatten. In den nordamerikanischen Kolonien war das anders. Ihre Besiedlung war durch Flüchtlinge erfolgt, Leute, die sich der Hierarchie der anglikanischen Kirche und der englischen Staatsraison nicht unterwerfen, sondern allein Christus als Herrn anerkennen wollten. Sie hatten, als sie ihre kleinen Schiffe nach Westen bestiegen, nichts mitgenommen als ein paar persönliche Habseligkeiten, das Vertrauen, von Gott zu einem neuen Exodus geführt zu werden – und, natürlich, die Bibel. Sie war für sie das höchste Gut, das sie über den Ozean gerettet hatten. An ihr machten sie die Pfeiler ihrer Lebensweise fest: die patriarchale Familienstruktur und das protestantische Arbeitsethos. Das neue Land war groß und fruchtbar, es gab genug Platz für alle Varianten des protestantischen Grundgedankens, für Presbyterianer, Baptisten, Methodisten, Quäker, keine Oberinstanz, die eine davon zur Staatsreligion hätte erheben wollen, zwar Theologen und Prediger, aber viel weniger theologische Gelehrsamkeit und Bevormundung als in Europa. In den weit verstreuten ländlichen Gemeinden wurde das eigene unreglementierte Lesen der heiligen Schrift zur Keimzelle einer neuen basisgemeindlichen Selbstständigkeit, der Familienvater zum zentralen Vorleser der Schrift. Und so fand eine viel größere libidinöse Besetzung der Schrift als in Europa statt – mit allen Skurrilitäten, die das mit sich brachte, wenn eine unbedarfte ländliche Bevölkerung glaubte, unmittelbar zu verstehen, was mit den Texten, die jüdische Gelehrte zweitausend Jahre zuvor aufgezeichnet hatten, gemeint sei.

In diese Welt eines ebenso bodenständigen wie versponnenen Biblizismus begann die kapitalistische Industrialisierung in der zweiten Hälfte des 19. Jahrhunderts mit atemberaubender Geschwindigkeit einzudringen. Wellen von Einwanderern katholischer und jüdischer Herkunft strömten ins Land, große Städte bildeten sich und sogen die Landbevölkerung an. Die traditionellen protestantischen Milieus lösten sich auf oder sanken zu Subkulturen ab – und empfanden das als Untergrabung ihrer Lebensleistung, all dessen, was Amerika groß gemacht hat. Sie verkannten freilich, dass ihre dezentrale basisgemeindliche, biblizistische Lebensweise nicht nur der kulturelle Nährboden der amerikanischen Demokratie war, der die USA zu *God's own country* gemacht hatte; auch die aufkommende kapitalistische Industrialisierung hatte im protestantischen Arbeitsethos und der demokratischen Verfassung ihre stärksten Verbündeten. Sie selber hatten die USA zum Land der unbegrenzten Möglichkeiten gemacht, sie selber waren der Magnet, der all das Fremde anzog, was nun in die USA eindrang und ihnen den Lebenshalt zu rauben drohte: fremde Menschen, Sitten, Lehren.

Fundamentals heißt »Grundsätze«. »Fundamentalist« war zunächst kein Schimpfname für verbohrte Fanatiker, sondern ehrenvolle Selbstbezeichnung: Wir sind Leute, die noch Grundsätze haben, keine charakterlosen, haltlosen Gesellen, wie sie die moderne Lebensweise massenhaft produziert. Spiel, Tanz, Prostitution und Berufstätigkeit der Frau wurden als Wahrzeichen der neuen Haltlosigkeit wahrgenommen: als Zersetzung der Familie, der Keimzelle der basisgemeindlichen Gesellschaft. Das Milieu, das sich um *The Fundamentals* formierte, war ein protestantisches Protestmilieu. Es ging ihm um den

Erhalt einer jahrhundertelang bewährten *civil society*. Und die war eben ohne vitalen Biblizismus nicht zu denken. Deshalb wurde unter den modernen Theorien, die mit jeder neuen Einwanderungswelle aus Europa herüberkamen, eine als besonders einschneidend empfunden: die Lehre Darwins.

Darwins *Entstehung der Arten* von 1859 bestreitet bekanntlich die Sonderstellung des Menschen. Der Mensch ist bloß eine höhere Tierart. Alle Arten sind geworden: aus einfacher gebauten hervorgegangen, Modifikationen von Früherem. Das gilt auch, wenn strittig bleibt, ob Modifikationen zielgerichtete Anpassungsvorgänge an die Umwelt sind, oder ob die Modifikationen, die jeweils genügend angepasst waren, das Glück hatten, zu überleben. Auch die Spezies Mensch ist eine Modifikation, will sagen, aus einer einfacheren Tierart hervorgegangen. Und die ihnen am ähnlichsten bezeichnet sie selbst als »Menschenaffen«. Alles andere als abwegig, dass wir in ihnen unsere Vorfahren anschauen – selbst dann, wenn sich herausstellt, dass sie nicht die unmittelbaren Vorfahren sind, sondern nur eine entfernte Seitenlinie davon.

Darwins Evolutionstheorie hatte überall heftigen Protest der christlichen Kirchen hervorgerufen. Selbstverständlich wurde sie in den *Syllabus errorum* aufgenommen, ein Verzeichnis von achtzig Irrtümern in Religion, Wissenschaft, Politik und Wirtschaftsleben, das der Vatikan 1864 herausgab. Aber dort war sie nur ein Lapsus unter vielen neben Galileis Astronomie und Kants Vernunftkritik, französischem Materialismus und deutschem Sozialismus. Das katholische Lehramt bestand aus hochgebildeten Intellektuellen mit einem enormen Überblick über das neuzeitliche Denken. Nur so konnten sie es überall dort zensieren, wo es das komplexe katholische Dogmengebäude angriff. Sie hatten natürlich gelesen, was sie dem Kirchenvolk zu lesen verboten. Ein solches großintellektuelles Warnsystem fehlte dem amerikanischen Protestantismus. Um so vitaler fühlte sein schlichter Biblizismus sich angegriffen, als Darwins Lehre mit Macht in den USA vordrang. Sie wurde zu seinem intellektuellen Hauptgegner.

Das lag zum einen daran, dass Darwin eine ganz besondere Attraktion bot, genauer: nicht er selbst, sondern der Sozialdarwinismus mit seinem Analogieschluss: Wie im Tierreich, so in der menschlichen Gesellschaft. Wie es dort den Arten ergehe, so hier den Individuen. Auch das soziale Leben sei ein beständiges Fortschreiten, und wer sich dem Fortschrittstempo der modernen Gesellschaft nicht anpasse, gehe unter. Das sei das Gesetz der Evolution. Dies »Gesetz« hatte in den USA Ende des 19. Jahrhunderts enorme Plausibilität. Man konnte es geradezu calvinistisch interpretieren. Sich dem rasanten Fortschritt anpassen – war das nicht die einzige Chance, einen göttlichen Wink zu bekommen, ob man zu den Erwählten gehört? Andrerseits bestand kein Zweifel: Das Gesetz der Evolution war zutiefst gottlos, denn es widersprach der Bibel. Man musste nur das erste Kapitel aufschlagen: »Am Anfang schuf Gott Himmel und Erde«. Darauf hatte sich jahrhundertelang die Sicherheit der eigenen Lebensweise gegründet. Nun kamen Einwanderer, die diese Lebensweise nicht teilten, und mit ihnen eine Lehre, die vorschlug, sich an etwas so Unbeständiges wie den Fortschritt zu halten. Dagegen starteten *The Fundamentals* ihre Offensive der Wiederbelebung. Wie jeder einzelne Protestant durch persönliche Begegnung mit der heiligen Schrift zu gottgefälligem Leben, so sollte nun eine ganze protestantische Lebensweise und Kultur wiedererweckt werden.

Dazu musste vor allem dreierlei unterbunden werden: Einwanderung von Nichtprotestanten, haltloser Kapitalismus und *German Kultur*.[7] Kam doch aus Deutschland, neben dem fatalen Einfluss von *German beer*, eine dreifache Gefahr: historisch-kritische Bibelforschung, Sozialdarwinismus und Weltkrieg. Als Inbegriff dieser Gefahr galt Friedrich Nietzsche, von

---

[7] M. Riesebrodt, *Fundamentalismus als patriarchalische Protestbewegung*, Tübingen 1990, S. 63 f.

dem als »Antichrist«, Immoralist und kriegstreibender »blonder Bestie« die verzerrtesten Vorstellungen umgingen.[8] Fremdenfeindliche, sozialkritische und pazifistische Momente mischten sich im Wirkungsbereich der *Fundamentals* auf bizarre Weise. Die Schriftenreihe wurde zwar 1915 eingestellt, aber es ist durchaus als ihr Nachhall anzusehen, dass sich 1918 eine *World's Christian Fundamental Association* bildete. Das fundamentalistische Protestpotential begann sich zu organisieren. Seinen amerikanischen Höhepunkt erreichte es 1925, als in Dayton jenes Gerichtsverfahren lief, das als »Affenprozess« in die Geschichte eingegangen ist. William Jennings Bryan, der 1896 amerikanischer Präsidentschaftskandidat gewesen war, später unter Wilson Außenminister, bis er 1917, als der Kriegseintritt der USA drohte, sein Amt niederlegte – er setzte nun alle juristischen Hebel gegen Darwins Evolutionstheorie in Bewegung. Sie sollte als unvereinbar mit der Lehre von Gottes Schöpfung an allen öffentlichen Schulen verboten werden. Das Gericht gab der Klage jedoch nicht statt.

Mit dem ganzen Scharfsinn eines modernen Juristen – und Bryan war einer der brilliantesten Anwälte seiner Zeit – auf den Wortlaut der Bibel zu klagen: das ist nicht nur einfach verbohrt. Es ist auch ein Rückgang des artifiziellen modernen Argumentierens an seine anfänglichsten Quellen. Der Daytoner Prozess legt schlagartig die existenzielle, um nicht zu

---

[8] Aber kaum Schriften. Es hätte dem Feindbild auch nicht gut getan, wäre man auf Formulierungen wie diese gestoßen: »Es zahlt sich theuer, zur Macht zu kommen: die Macht *verdummt*... Die Deutschen – man hiess sie einst das Volk der Denker: denken sie heute überhaupt noch?« Oder: »Wie viel verdriessliche Schwere, Lahmheit, Feuchtigkeit, Schlafrock, wie viel *Bier* ist in der deutschen Intelligenz!« Oder, unter dem Titel Anti-Darwin: »Die Gattungen wachsen *nicht* in der Vollkommenheit: die Schwachen werden immer wieder über die Starken Herr – das macht, sie sind die grosse Zahl, sie sind auch *klüger*... Darwin hat den Geist vergessen (– das ist englisch!), *die Schwachen haben mehr Geist*...« (F. Nietzsche, *Götzen-Dämmerung*, Kritische Studienausgabe [KSA], Bd. 6, hg. v. G. Colli / M. Montinari, München 1988, S. 103, 104, 120 f.)

sagen, theologische Tiefendimension allen menschlichen Begründens offen. Warum plagt man sich eigentlich mit Gründen, warum behauptet man nicht einfach bloß? Offenbar, weil man sich mit bloßem Behaupten auf die Dauer nicht behaupten kann. Solange man behauptet, was nicht bestritten wird, etwa dass das Wetter heute gut und das Gras grün ist, ist alles in Ordnung. Behauptet einer aber, dieses Land, Vieh, Haus etc. sei seines, und ein anderer sagt, es gehöre ihm, dann gibt es nur zwei Möglichkeiten: Kampf oder Begründung. Letztere ist eigentlich schon zweite Wahl. Wo man seinen Anspruch ohne Umschweife durchsetzen kann, hat man Begründung nicht nötig. Erst wo man zu große Widerstände fühlt, begründet man, tut man dar, dass einem das Beanspruchte zusteht; man appelliert an ein Recht. Ein solches gibt es erst zwischen ungefähr gleich Starken. Erst zwischen ihnen gedeiht Begründungskultur. Recht haben wollen ist zunächst nichts als Sicherheit haben wollen, das, was einem zusteht, unbehelligt genießen wollen.

Dazu bedarf es der begründenden Rede, griechisch: *logos*, im Gegensatz zur bloß erzählenden Rede, *mythos*. Begründende Rede ist ein Zeichen von Schwäche, aber auch ein Mittel, Schwäche in Stärke zu verwandeln. *Logos* ist sowohl Substitut der Faust als auch ihre Sublimierung. Er dient sozialer wie persönlicher Beruhigung, Befriedung, Sicherheit. Man argumentiert nicht einfach, um zu argumentieren. Man begründet nicht bloß um des Begründens willen. Wenn wir Erkenntnis wollen, sagt Nietzsche, wollen wir eigentlich etwas anderes: »etwas Fremdes soll auf etwas *Bekanntes* zurückgeführt werden. [...] Das Bekannte, das heisst: das woran wir gewöhnt sind, so dass wir uns nicht mehr darüber wundern, unser Alltag, irgend eine Regel, in der wir stecken, Alles und Jedes, in dem wir uns zu Hause wissen: – wie? Ist unser Bedürfnis nach Erkennen nicht eben dies Bedürfnis nach Bekanntem, der Wille, unter allem Fremden, Ungewöhnlichen, Fragwürdigen Etwas aufzudecken, das uns nicht mehr beunruhigt? Sollte es nicht der

Instinkt der Furcht sein, der uns erkennen heisst? Sollte das Frohlocken des Erkennenden nicht eben das Frohlocken des wieder erlangten Sicherheitsgefühls sein?«[9] Was Nietzsche hier offen legt, daran rührt auf seine Weise auch der »Affenprozess«. Seine Kläger haben etwas vom Sicherheits- und Ruhebedürfnis in allem Erkennen innerviert. Alles Begründen will einmal aufhören, es will sein Ende – sein gutes Ende: ruhen in einer letzten Begründung wie Gott am siebten Tag. Die Sabbatruhe ist das Bild des ans Ziel gekommenen Begründens. Es hängt in der Luft, wenn es keinen letzten Grund gibt. Also muss es einen geben, und sei es, dass man ihn herbeiklagt, gerichtlich darauf besteht, dass es einen Text gibt, der ihn unverbrüchlich verzeichnet: »Am Anfang schuf Gott Himmel und Erde«.

Das Ungeheure an Darwin ist, dass er den letzten Grund raubt. Raubt er damit aber nicht auch sich selbst das Fundament? Das haben die Biblizisten nicht versäumt, gegen ihn einzuwenden. Selbst wenn unabweisbar ist, dass alle komplexeren Arten allmählich aus einfacheren entstanden sind: Wo und wie ist dieser Prozess denn in Gang gekommen? Je plausibler die Evolution im Detail, desto rätselhafter wird ihr Anfang. Aber irgendeinen muss sie ja haben. Wäre sie nie losgegangen, dann gäbe es sie gar nicht. Damit wird die Evolutionstheorie in eine alte metaphysische Streitfrage hineingezogen: Hat die Welt einen Anfang oder ist sie ewig? Sie muss einen Anfang haben, sagen die einen. Wäre sie nie in Gang gekommen, existierte sie nicht. Sie kann keinen Anfang haben, sagen die andern. Ein absolut erster Zustand, der kein Davor hat, ist ein Widersinn in sich. Also muss das Umgekehrte gelten: Die Welt ist ewig, denn es gibt keinen ersten Zustand. Doch ewig – kann sie ebenso wenig sein. In einer ewigen Welt ist zu jedem Zeitpunkt gleich viel Zeit verstrichen: eine Ewigkeit. Es gibt kein »Ewig und drei Tage«.

---

[9] F. Nietzsche, *Die fröhliche Wissenschaft*, KSA 3, S. 593 f.

Ewigkeit kennt kein Danach. Sie ist nicht steigerbar. Und so stellt sich heraus: Ob Anfang oder Ewigkeit der Welt – beides ist denknotwendig und beides ist denkunmöglich. Jede Seite ist im Recht, sobald sie die andere angreift, und im Unrecht, sobald sie von ihr angegriffen wird. Mit andern Worten: Es herrscht hier jener Widerstreit der Vernunft mit sich selbst, den Kant die »erste kosmologische Antinomie«[10] genannt hat.

Darwins Frage war allerdings: Wie sind die Arten entstanden? Nicht: Hat die Welt einen Anfang? Auf letztere ließ er sich nicht ein. Er hatte keine Antwort darauf. Ein intellektuell redlicher moderner Mensch hat auch keine Antwort darauf. Daraus schlägt der Fundamentalismus Kapital. Er weiß Bescheid. Die Welt hat einen Anfang, denn Gott hat sie geschaffen. Man muss nur Genesis 1 aufschlagen, da steht es. Das ist natürlich ebenso unseriös, wie wenn man der Evolutionstheorie Recht gibt und dann fortfährt: Also hat Gott die Welt als einen evolutionären Prozess geschaffen.[11] Da ist der Empörungsimpuls des amerikanischen Fundamentalismus viel ehrlicher. Er gibt das tief Kränkende der Darwinschen Lehre offen zu. Nicht von ungefähr firmiert sie bei Freud als eine der drei großen narzisstischen Kränkungen, die die neuzeitliche Geistesentwicklung dem modernen Menschen zugefügt hat. Sie ist die Theorie einer grund-, halt- und ziellosen Entwicklung. Und wenn die Naturentwicklung tatsächlich so verläuft, dann hängt nicht nur alle Hoffnung auf ein gutes Ende in der Luft, sondern auch die gesamte geistige Tätigkeit des Begrün-

---

[10] I. Kant, *Kritik der reinen Vernunft*, B 452 ff., Werke, Bd. IV, hg. v. W. Weischedel, Frankfurt am Main o. J., S. 412 ff.

[11] Das ist der faule Kompromiss, den Teilhard de Chardin geschlossen hat. Als leidenschaftlicher Paläontologe und Anthropologe, der zur tiefen Irritation seiner Kirche einiges zum Verständnis der evolutionären Entstehung des *homo sapiens* beitrug, ist er gleichwohl Jesuit geblieben und hat »Gott als Triebkraft, Sammelpunkt und Garant – das Haupt der Evolution« festgehalten (P. Teilhard de Chardin, *Die Entstehung des Menschen*, 1949, dt. München 1982, S. 129)

dens. Dann ist es nichts mit dem letzten Grund, der kosmischen Sabbatruhe, auf die alles Begründen hindrängt. Dagegen sträubten sich die amerikanischen Fundamentalisten: trotzig, verhärtet, borniert. Dennoch hat ihr Sträuben etwas Erhellendes. Es legt die Triebstruktur im Begründungsvorgang bloß.

2. Kleine Genealogie des Begründens

Begründung offenbart sich dort am ungeschütztesten, wo sie noch am wenigsten Worte für sich hat, noch am meisten »Nervensache« ist: in ihren Anfängen. So wenig wir vom Menschheitsanfang auch wissen, eines ist sicher: Zur Menschwerdung gehört die Ausbildung von Sitten und Gebräuchen, und die haben ihren Ursprung in sakralen Riten. Die wiederum haben eine gemeinsame Wurzel: das Opferritual. Wo immer wir archäologisch auf Spuren früher Menschheit stoßen, stoßen wir auf Rückstände, Beigaben der Opferdarbringung. Siedlungsplätze sind um ein sakrales Zentrum, einen Opferstein, einen Totempfahl, einen Berg, eine Grabstelle gruppiert, und Begräbnis ist von Opferung nicht trennscharf zu unterscheiden. Und wo wir mythologisch auf die Spuren früher Menschheit stoßen, also auf alte Erzählungsschichten, da ist ebenfalls das Opfer entweder die zentrale Handlung selbst oder aber diejenige, die alle andern rituellen Handlungen begleitet bzw. die literarische Handlung wie ein Leitmotiv durchzieht. »Ich opfere, also bin ich Mensch.« Töten – das tun auch Tiere, gelegentlich auch ihresgleichen, genauso wie sie Laute ausstoßen, Nahrung aufnehmen, kopulieren, fliehen, schlafen. Aber rituell töten, in feierlicher Versammlung an einem bestimmten Ort nach einem festgelegten Schema: das ist eine Besonderheit der Spezies *homo sapiens*. Das griechische Verb *rezein* ist das Wortgedächtnis für diesen Sachverhalt. Es bedeutet sowohl »Opfer darbringen« als auch generell »handeln, tätig sein« und drückt damit aus, dass Opfern der Inbegriff menschlichen Handelns, die menschenspezifische Tätigkeit schlechthin ist – ganz ähnlich übrigens wie das lateinische *operari*, aus dem im Deutschen ebenso »operieren« wie »opfern« geworden ist.[12]

Wie das angefangen hat? Sicherlich sehr allmählich, sporadisch, diffus. Es mag tausende von Jahren gedauert haben, bis sich feste Opferrituale formierten. Jedenfalls dürften die menschlichen Kollektive, die vor etwa 30.000 Jahren in der Lage waren, die Wände der Höhlen von *Chauvet* so zu bemalen, dass wir heute noch sprachlos davor stehen, schon einen hoch entwickelten Opferkult praktiziert haben. Nicht unwahrscheinlich, dass dessen Anfänge, je nach Weltgegend, weitere zehn, vielleicht aber auch zwanzig oder vierzig Jahrtausende zurückreichen. Man kann sich hier leicht um ein paar Jahrzehntausende verrechnen. Eines freilich ist gewiss: Opfer sind kein Restmüll. Sie bestehen im Teuersten, was man hat. Man schlachtet Menschen und kostbarste Tiere. So etwas tut man nicht aus Spaß, sondern nur unter äußerstem Druck: weil man sich anders nicht zu helfen weiß, weil man sich damit Entlastung zu verschaffen glaubt. Nur: Was ist am Opfer entlastend? Es wiederholt doch Grauen und Leiden, *tut* doch das, wovon es entlasten will. Das ist absurd. Nur hat diese Absurdität eine geheime Logik. Man kommt ihr auf die Spur, wenn man ein Verhalten genauer untersucht, das wir nur noch als pathologisches kennen: den traumatischen Wiederholungszwang. Freud war aufgefallen, dass Leute, die im Krieg oder bei Eisenbahnunfällen einen traumatischen Schock erlitten hatten, im nächtlichen Traum immer wieder in die schockierende Situation zurückkehrten, sie immer wieder durchlebten, immer wieder schweißgebadet und zitternd aufwachten. Warum verdrängten sie das Schreckliche nicht einfach, warum veranstalteten sie es im Traum eigens neu? Offenbar weil es viel zu mächtig war, um sich verdrängen zu lassen. Und das brachte Freud auf einen Verdacht. Wie, wenn die absurd erscheinende Wiederholung

---

[12] W. Burkert, *Homo Necans*. Interpretationen altgriechischer Opferriten und Mythen, Berlin und New York ²1997, S. 9 f.

so absurd gar nicht wäre, sondern der Versuch, gegen das Übermächtige, gegen dessen Eindringen man sich nicht wehren konnte und das man nicht aushält, nachträglich Abwehrkräfte zu mobilisieren? So dass der nervenzerrüttende Wiederholungszwang eigentlich ein Selbstheilungsversuch des Nervensystems wäre: ein Versuch, geeignete Nervenbahnen anzulegen, in denen ein ungeheurer, unerträglicher Erregungsschwall kanalisiert und erträglich gemacht werden könnte?[13]

Der traumatische Wiederholungszwang ist nervliche Notwehr. In der modernen Kultur erscheint er nur als pathologisches Ausnahmephänomen, als Nervenleiden einer Minderheit, die durch sogenannte Schicksalsschläge aus dem kulturell eingefahrenen Gleis geworfen wurden. Wo es die Gleise der Kultur, ihre abgefederten Lebenszusammenhänge aber noch nicht gab, da dürfte die Ausnahme die Regel gewesen sein, nervliche Notwehr der Dauerzustand, der den *homo* allmählich zum *sapiens* werden ließ. Not macht erfinderisch. Der traumatische Wiederholungszwang war der verzweifelte Kunstgriff eines hochempfindlichen Nervensystems. Wir wissen nicht, wie es so empfindlich hatte werden können, warum gerade ihm dieser Kunstgriff gelang und wie lange es gedauert hat, bis er eingeübt war. Wo seine ältesten Spuren greifbar werden, tritt er uns schon als entwickelte Kulturtechnik entgegen: im Opferritual.[14] Die Logik des Opfers ist die physiologische des Wiederholungszwangs. Man vollzieht Grauenhaftes, um von Grauenhaftem loszukommen. Die ständige Wiederholung soll das Unerträgliche allmählich erträglich, das Unfassliche fasslich, das Ungewöhnliche gewöhnlich machen. Wiederholungszwang hat sich anfangs reflexartig vollzogen. Er überkam die Hominiden wie eine höhere Gewalt. Allein, selbst dort, wo er tatsächlich Entlastung brachte, hörte er deswegen nicht auf,

---

[13] Cf. S. Freud, *Jenseits des Lustprinzip*, Studienausgabe, Bd. III, Frankfurt am Main 1975, S. 222 f.
[14] Ausführlich hierzu C. Türcke, *Erregte Gesellschaft*. Philosophie der Sensation, München 2002, S. 121 ff.

quälend zu sein. Seine Entlastung war selbst hochgradig entlastungsbedürftig. Er hielt es nicht bei sich aus. Sein eigener Leidensdruck trieb ihn über sich hinaus. Wie, wenn dieser Druck zu etwas gut wäre, wenn es etwas gäbe, um dessentwillen sich die Wiederholungszwangshandlung vollzog, etwas, dem man sie schuldete, eine höhere Gewalt, die sie verlangte?

Das Dämmern solcher Vorstellungen ist der Beginn der Götterdämmerung – ihrer Frühdämmerung. Sie ist im Prozess der Menschwerdung ein epochaler Schritt. Der Wiederholungszwang beginnt sich selbst auszulegen. Er gibt sich ein Wozu, einen Adressaten, damit aber zugleich ein Warum, einen Grund. Und was Grund hat, hat Sinn. Warum muss die schreckliche Wiederholung sein? »Weil eine höhere Macht sie will.« Dieses Weil bedeutet ein erstes tiefes menschenspezifisches Aufatmen, auch wenn es sich anfänglich nicht wohlgesetzt verbal ausgedrückt haben dürfte, sondern vielleicht bloß als Seufzer. Die Selbstauslegung des Wiederholungszwangs ist zunächst ein eher physiologischer als logischer Prozess, den man sich kaum langwierig und mühselig genug vorstellen kann. Gleichwohl ist sie die Elementarform des Begründens und hat aus dem reflexartigen Wiederholungszwang allmählich etwas Reflexives gemacht: einen sakralen Akt.[15] Rein physiologisch gesehen besteht der Wiederholungszwang nur aus zwei Momenten: Wiederholung und Wiederholtem. Erst wenn in diesen physiologischen Ablauf eine Auslegung, eine Deutung, ein höheres Wozu und Warum des ganzen Wiederholens eintritt, dann wird aus dem sich selbst unfasslichen und unerträglichen Wiederholungszwang die sinnvolle Handlung des Opfers. Sie hat stets drei Elemente: Darbringer, Dargebrachtes und Adressaten. Letztere nehmen allmählich die Konturen von menschenähnlichen, aber übermenschlichen Gewalten an: von Gottheiten.

---

[15] Er hat die paradoxe Form eines »physiologischen Fehlschlusses«. Hierzu ausführlich op. cit., S. 143 f.

Der Wiederholungszwang ist der begründungsbedürftige Zustand *par excellence*. Hier liegen die Nerven blank. Hier kommt der physiologische Untergrund allen Begründens zum Vorschein. Gründe sind zu etwas gut. Sie sollen Unerträgliches erträglich machen. Daher sind die ersten Gründe zugleich letzte Gründe. Begründung hat als Letztbegründung angefangen – um schnellstmöglich Ruhe von allem Begründen zu bekommen: bei den Göttern. Sie bedeuten unbedingt gültigen und damit endgültigen Grund, Halt, Schutz, Frieden. Nur dass die Ruhe, die sie tatsächlich verschaffen, nie endgültig ist, nie verhindern kann, dass sich eines Tages ein kleiner Störenfried regt: die Frage »Warum«. Jeder Grund verdankt sich dieser Frage, ob sie sich nun in einem schmerzverzerrten Gesicht, einem Seufzen oder artikulierter Sprache äußert. Jeder Grund ist ein in einem »Weil« stillgestelltes, beruhigtes »Warum«. »Das und das ist so, weil…« Das »Warum« ist der *agent provocateur* aller Gründe. Zunächst das Zauberwort, das die Tür zum Reich der Gründe überhaupt erst geöffnet hat. Es ermöglicht jeglichen Grund, aber es lässt keinen von ihnen in Ruhe. »Opfer müssen sein, weil die Gottheit sie verlangt«: danach mag sich die frühe Menschheit jahrtausendelang ohne Wenn und Aber gerichtet haben. Die imaginierte Gewalt dieser Gottheit mag so groß gewesen sein, dass jegliches »Warum« hier als tödliche Entweihung empfunden wurde. Aber eines Tages ist dieser Grund durch seine ständige Wiederholung so schal, die Gewalt dieser Gottheit so gewöhnlich geworden, dass das »Warum« nicht länger vor ihr zurückschreckt. Es regt sich das Bedürfnis, zu erfahren, warum die Gottheit denn Verlangen nach solchen Opfern hat. Das »Warum« nagt auch die Götter an. Die ersten Gründe hören auf, mit den letzten identisch zu sein; sie werden selbst begründungsbedürftig. Dies ist die große Zäsur, wo sich vom Ritus der Mythos abzuheben beginnt, wo angefangen wird, das Opferritual mit einer Rede zu umspinnen, die erzählt, wie es dazu gekommen ist: wie die Gottheit ursprünglich selbst den Opferstein gesetzt, den heiligen

Pfahl eingerammt, den Opferberg geschaffen, das heilige Rind geschlachtet hat oder von den Menschen dadurch erzürnt wurde, dass sie sich von ihr abkehrten. Die erzählende Rede argumentiert nicht; insofern ist sie Mythos, nicht Logos. Gleichwohl ist sie in einem sehr buchstäblichen Sinn begründende Rede; sie erzählt Gründungsgeschichten: *fundamental stories*.[16] In ihren ältesten Schichten sind das Kultgründungsgeschichten. Weil das Kultzentrum aber immer auch als Weltzentrum gedacht ist, werden daraus allmählich Weltgründungsgeschichten.

Die einfache Frage »Warum« ist wie ein Trieb. Man kann sie durch Angabe von Gründen für eine Weile stillen, aber kein Grund ist auf Dauer vor ihr sicher. Jeder gerät durch sie unter Begründungszwang. Sie ist der tendenzielle Zersetzer aller angegebenen Gründe und der unersättliche Sucher nach neuen. Gerade damit aber ist sie die große Triebkraft intellektueller Entfaltung geworden. Der Kult, die Riten, die Sitten und Gebräuche gelten, weil die Gottheit sie verlangt? Ja warum verlangt sie sie denn? Weil die Gottheit selbst sie geschaffen oder angeordnet hat. Warum hat sie das denn getan? Um unseres Wohlergehens willen. Wir werden Ruhe, Schutz und Sicherheit haben, solange wir uns nach dieser Ordnung richten. Und das wiederum ist so, weil die Gottheit die Welt zu unserm Besten gegründet und geordnet hat. Und warum hat sie das getan? Weil sie selbst gut ist, das Gute schlechthin.

---

[16] Die feiern gerade dort fröhliche Urständ, wo man sie am wenigsten erwartet. »Die Börsensprache nennt die Wirklichkeit der real erwirtschafteten Werte bezeichnenderweise ›Fundamentalstory‹. Sie ist eben nur der Ausgangspunkt der Spekulation, und sie ist nur eine Story. Eine Fundamentalstory besteht aus dem Vorhaben, mit dem sich eine Firma an der Börse präsentiert. Sie wird von den Anlegern nach ihrer Plausibilität beurteilt, also an ihrer Übereinstimmung mit Entwicklungstendenzen gemessen, die man der allgemeinen Nachrichtenlage entnimmt.« (M. Siemons, *Im Labyrinth der Erwartungen. Wie die neue Börse die Wahrnehmung verändert – Eine Spekulation*, in: Frankfurter Allgemeine Zeitung, 5.8.2000, S. I) Der Mythos lebt.

Dieses kleine Frage-Antwort-Spiel durcheilt im Zeitraffer eine Entwicklung, die sich im realen historischen Prozess über Jahrtausende erstreckt hat. Und dieser Prozess geht nicht einfach geradlinig bis ins Unendliche fort, sondern er hat bestimmte Knoten- und Wendepunkte. Einige besonders markante sollen im folgenden an der jüdisch-christlichen Tradition hervorgehoben werden. Das Judentum ist dadurch singulär, dass sich in seinem Denken die Gottheit eher und strenger als sonst irgendwo auf der Welt auf einen exklusiven Singular zubewegte. Zu Beginn der berühmten Zehn Gebote heißt es sehr freimütig: »Ich bin Jahwe, dein Gott [...] Du sollst keine andern Götter haben neben mir [...] Denn ich, Jahwe, dein Gott, bin ein eifersüchtiger Gott«.[17] Und diese singuläre Eifersucht hat dahin gewirkt, dass das Volk Israel nach seinen katastrophalen Niederlagen gegen die Assyrer und Babylonier nicht getan hat, was sonst alle unterlegenen Völker taten: die Gottheiten der Sieger übernehmen. Das wäre nur konsequent gewesen. Wenn Unwetter, Dürre, Seuchen oder wilde Tiere plagten, so sah man darin selbstverständlich den Zorn der eigenen Gottheiten, die man irgendwie beleidigt hatte, am Werk. Wenn hingegen mächtigere Völker im Namen ihrer Götter daherkamen und das eigene Volk unterwarfen, so hatte man allen Grund, in diesen Göttern die wahren Ordnungs- und Schutzmächte zu erkennen und sich auch ihnen zu ergeben, nicht nur der Siegermacht selbst. Und genau das machte der harte Kern des Judentums nicht mit. Zwar berichten die Geschichtsbücher des Alten Testaments von der erdrückenden Mehrheit der Könige von Israel und Juda, dass sie Altäre, Kultpfähle, Standbilder etc. für andere Götter errichteten.[18] Ahas von Juda ließ sogar, um sich beim Assyrerkönig Tiglat-Pileser beliebt zu machen, dessen großen Altar von Damaskus nachbauen und die Kopie im Jerusalemer Tempel aufstellen.[19] Aber solches Schielen nach andern Göttern war

---

[17] Ex 20, 3
[18] 2Könige 17, 7 ff.
[19] 2Könige 16, 10 ff.

den Chronisten zuwider, ihre stereotype Formel dafür: »König X tat, was dem Herrn missfiel«. Die politische Niederlage führen sie darauf zurück. Weil die gesalbten Herrscher von Jahwe abfielen, brachen ihre Reiche nach und nach zusammen. In diesem Gedanken steckt eine geradezu abenteuerliche Umkehrung: Im Zusammenbruch seines Volkes beginnt sich Jahwe zu einer Weltmacht zu dehnen. Er, der Gott der Unterlegenen, wird selbst als derart überlegen vorgestellt, dass *er* die Siegermächte in seine Regie genommen und das Unglück durch sie geschickt habe: zur Strafe und Besserung für sein starrsinniges Volk. Je unterlegener das Volk, desto überlegener sein Gott. Und es ist ausgerechnet zum Zeitpunkt größter Unterlegenheit, nämlich der Verschleppung der Oberschicht des zerstörten Jerusalems in die babylonische Gefangenschaft im Jahre 587 v. Chr., dass jüdische Priester die Überlegenheit ihres Gottes auf die Spitze treiben und behaupten: Der eine eifersüchtige Gott, dessen Volk wir sind, ist überhaupt der einzige, den es gibt. Er hat »Himmel und Erde« geschaffen.

Die priesterschriftliche Schöpfungsgeschichte, mit der die Bibel beginnt, ist einerseits ein Dokument des Größenwahns. Gedemütigte, ins Exil verschleppte Priester kompensieren ihre Ohnmacht durch die Vorstellung eines allmächtigen Gottes. Sie begnügen sich nicht mehr damit, Jahwe, ihren Gott, als den einzigen zu deklarieren, dem Verehrung gebührt. Sie machen ihn zum einzigen, der existiert, vollziehen den Schritt vom Henotheismus zum konsequenten Monotheismus. Aber damit tut sich im Größenwahn eine neue geistige Dimension auf. Einziger Gott ist Jahwe, weil er *ruah* ist – ein hebräisches Wort, das, ähnlich dem griechischen *pneuma*, das Bedeutungsregister Wind, Sturm, Atem, Geist umfasst. In seiner Eigenschaft als *ruah* hat er die Welt hervorgebracht: ausgesprochen. »Es werde... Und es ward...«: Licht, Erde, Himmel, Gestirne, Lebewesen und was es auch sei. Die Welt durch Aussprechen zu schaffen ist ein Akt höchster Souveränität wie Geistigkeit. Er bedeutet nämlich: Die Welt ist sprachähnlich verfasst. Sprache hat, im Unterschied zum bloßen Stimmlaut, Bedeutung, Sinn. Ihr Sinn manifestiert sich zwar im Stimmlaut, er durchwirkt ihn gleichsam, aber er ist nicht stimmlich, sondern ein davon unterschiedenes Geistiges. So ist auch die von Gott geschaffene Welt der Ort seiner Manifestation, durchwirkt und zusammengehalten von ihrem Urgrund, und doch davon geschieden. Wohl aber macht der eine, einzige göttliche *ruah* auch die Welt überhaupt erst zu *einer*. Erst der Monotheismus vermag die Einheit und Konsistenz der Welt zu denken. Genesis 1 befand sich zur Abfassungszeit im 6. vorchristlichen Jahrhundert auf dem Höchststand menschlichen Bewusstseins. Nahezu zeitgleich laborierten in Kleinasien die hellsten Köpfe ihrer Zeit daran, die Vielfalt der sinnlichen Welt auf eine einheitliche *arché* (Urgrund, Anfang, Prinzip) zurückzuführen: die ersten abendländischen Philosophen. Eine Verabredung zwischen ihnen und den jüdischen Priestern in Babylon ist schwer vorstellbar und erst recht nicht nachweisbar; um so bemerkenswerter der gemeinsame Drang zum Monismus in ihren unterschiedlichen Denkweisen – ein Zeugnis dessen, was bei Jaspers »Achsenzeit« heißt.

Der Monotheismus ist ein Knotenpunkt des Begründens. Einerseits ist er ein Endpunkt; auf weniger als einen Gott lässt sich der Theismus nicht reduzieren. Auch Pantheismus ist bloß eine Art Monotheismus. Andrerseits ist er ein Anfangspunkt. Das Begründungsverfahren tritt auf ein neues, ihm selbst noch ganz ungewohntes Niveau. Es muss lernen, mit seiner eigenen Vorgabe zurechtzukommen: dass der letzte Grund die Beschaffenheit des *ruah*, *pneuma*, des unsinnlich Geistigen haben soll. Mit andern Worten: Es muss auf dem »Boden des Geistes« heimisch werden: ihn ausmessen, urbar machen, festigen. Nicht von ungefähr ist erst unter den Bedingungen des Monotheismus eine Logik ausgearbeitet worden: von Aristoteles. Das Wort »Monotheismus« mag hier stutzen lassen; zu sehr hat man sich daran gewöhnt, es für das Judentum zu reservieren. Aber schon Thales, der als *arché* aller Dinge das Wasser annahm, glaubte andrerseits, laut Aristoteles, »dass alles voll von Göttern sei«, oder sogar, wenn Hippolyt zuverlässig referiert, »das, was weder Ursprung noch Ende habe, sei Gott«.[20] Monismus und Monotheismus sind hier noch gar nicht klar geschieden. Sie sind es nicht einmal bei Platon, dessen Spätphilosophie durch ihre eigene Denkbewegung immer monistischer geworden ist. Zunächst setzt sie eine unbestimmte Vielzahl ewiger »Ideen« an, von denen die irdischen Dinge der vergängliche Abglanz sein sollen, dann spekuliert sie auf eine oberste Idee, die »Idee des Guten«, die als eine Art synthetischer Einheit der übrigen Ideen gedacht ist.[21] Schließlich führt sie die erscheinende Welt auf einen *demiourgos* zurück, einen göttlichen Weltarchitekten,[22] der zwar schon einen Stoff vorfindet, aus dem er die Welt kunstvoll formt, also nicht so streng monistisch gedacht ist, dass er aus nichts als sich selbst erschafft, aber doch monistisch genug, um das eine, die Welt in Gang bringende und ordnende Prinzip zu sein. Eben dies Prinzip hat Aristoteles lediglich auf eine neutrale abstrakte Formel gebracht: *kinoûn akinetón*, wörtlich: das »unbewegte Bewegende«[23], etwas, was den Uranstoß gegeben, die Welt gleichsam entrollt hat und zugleich durch alles von ihm Entrollte hindurchgeht und es zusammenhält. Wer »unbewegter Beweger« übersetzt, sagt vielleicht schon zu viel; ungewiss, ob Aristoteles das erste Bewegende männlich-personal gedacht hat. Sicher aber ist es für ihn der energetisch-pneumatische Zusammenhalt und Fundus aller »Ideen« oder Formen, der macht, dass sie allesamt bloß Spezifikationen eines Gemeinsamen sind.

Erst auf den Kredit, dass es einen solchen homogenen geistartigen Weltfundus gibt, hat Aristoteles entwickelt, was wir seine »Logik« nennen. Das ist ihre monistisch-monotheisti-

---

[20] Aristoteles, *Über die Seele*, 411 a; Hippolyt, *Gegen die Häresien* I, 1; zit. n. J. Mansfeld (Hg.), Die Vorsokratiker I, Stuttgart 1986, S. 53 f.
[21] Platon, *Der Staat*, 505 a
[22] Platon, *Timaios*, 29 a
[23] Aristoteles, *Metaphysik*, 1072 b

sche Hypothek. Das Fachwort für seine logischen Schriften heißt »Organon«, Werkzeug. Das darf man wörtlich nehmen: Die Logik ist Werkzeug zur Urbarmachung und Befestigung eines noch weitgehend unerschlossenen geistigen Bodens. Welcher geistigen Ordnung gehören die Worte an, die wir gebrauchen? Das ist die Hauptfrage der *Kategorien*. Wie müssen Begriffe zusammengesetzt sein, damit sie Sinn und Verstand haben? Das erörtert die *Lehre vom Satz*. Welches sind die sicheren Orte, Plätze und Gemeinplätze, von denen aus das Denken in die undurchsichtigen Regionen des Geistigen vorstoßen kann? Davon handelt die *Topik*. Wie funktionieren Schlüsse, Trugschlüsse und Beweise? Darum geht es in *Erster* und *Zweiter Analytik* sowie den *Sophistischen Widerlegungen*. Die aristotelische Logik ist ein großer Versuch, ihrer eigenen monotheistischen Vorgabe gerecht, nämlich auf dem Boden des Geistes heimisch zu werden. Gerade hier ist »das Frohlocken des Erkennenden [...] das Frohlocken des wieder erlangten Sicherheitsgefühls«.

Begründen hat selbst ein erstes Bewegendes: den traumatischen Schockimpuls, den es wegzuarbeiten versucht. Begründen hebt dort an, wo Theologie sich von Physiologie abzuheben beginnt. Die Urgeschichte des Begründens ist Sakralgeschichte: Rücksicht (*religio*) auf göttliche Gründe. Das »Warum«, das jeden Grund ermöglicht und jeden annagt, hat den Begründungsprozess freilich gnadenlos über die Theologie hinausgetrieben. Ihr ältester Ableger wurde schon erwähnt: der Rechtsstreit. Göttliche Gründe sind zwar imaginär, aber sie haben eine reale räumliche Entsprechung: das Heiligtum. Es gilt als göttliche Gründung, ist der Ort, wo Ruhe und Sicherheit kategorisch geboten sind, und damit auch der einzige, an dem die Unruhe beigelegt werden kann, die aus dem Streit zwischen Stammesgenossen entsteht. Rechtsprechung beginnt im Heiligtum. Ihre Urform ist das Gottesurteil, sei es als Los oder als ritueller Zweikampf. Allmählich erst tritt an die Stelle des Gottesurteils das Urteil eines priesterlichen Richters, der die Ansprüche und Gründe der Streitenden abwägt und sein Urteil im Namen Gottes fällt. Dazu bedarf es natürlich nicht des Monotheismus; es genügt eine ganz partikulare Tempelaura. In gewisser Weise aber ist der pneumatische Weltfundus nur die ins Kosmische getriebene Tempelaura, die Logik das ins Allgemein-Geistige transformierte Recht. Dieses will, im Kraftfeld des Heiligtums, den Streit zwischen Parteien schlichten; jene will, auf dem Boden des Geistes, den Widerstreit zwischen allen Aussagen beilegen – sie so ordnen, dass es keine Unstimmigkeiten mehr zwischen ihnen gibt. Der Rechtsstreit ist denn auch, historisch gesehen, die Vorschule des logischen Disputs. Die Sophisten, an denen sich die platonische und aristotelische Philosophie geübt hat, waren geriebene Advokaten.

Das »Organon«, das den Boden des Geistes ein für allemal erschließen und sichern sollte, hat natürlich das Gegenteil getan. Jedes seiner Resultate geriet unter das Stirnrunzeln des »Warum«, bei keinem konnte man sich endgültig beruhigen, und so hat die Logik diesen Boden schließlich bis zur allgemeinen Verunsicherung durchwühlt. Allerdings war schon von Anfang an etwas Verunsicherndes an diesem Boden. Den letzten Grund als *ruah, pneuma, spiritus* vorstellen – das tat man zweifellos, um ihn der irdischen Sphäre des Entstehens und Vergehens, der Unzuverlässigkeiten und Sinnestäuschungen zu entziehen und unangreifbar zu machen. Damit wurde er freilich auch ungreifbar – entrückt. Die Gottheiten, die menschliche Kollektive zunächst für sich reklamiert hatten, umschwebten ihr Volk. Man spürte sie im Rauschen von Wind und Wasser oder im Knistern des Feuers, man glaubte ihre Anwesenheit zu vernehmen, wenn man im Heiligtum den Atem anhielt. Führten sie nicht dem Priester die Hand, wenn er das Opfer niederschlug? Kurzum, diese Götter waren nahe, und nur was nahe ist, kann Schutz und Sicherheit geben. Das Missliche war nur: Hinter dem übernächsten Bergrücken war vielleicht schon ein Stamm, der sich von andern Göttern umschwebt wähnte. Die Reichweite der eigenen Götter war also beschränkt, und beschränkte Gründe sind nie unbedingte, letzte Gründe. Ihrer Beschränktheit inne werden heißt eine ähnliche Enttäuschungserfahrung machen wie das bürgerliche Kind, wenn es feststellt, dass sein allmächtig geglaubter Vater eigentlich bloß ein kleiner Angestellter ist. Diese Enttäuschung treibt ins Weite. Je unbeschränkter aber die Gründe werden, auf die man aspiriert, desto ferner rücken sie, desto abgezogener vom Hier und Jetzt erscheinen sie, und wenn sich schließlich der Gedanke aufnötigt, dass der letzte Grund ein *ruah* ist, der die ganze Welt aus sich hervorgebracht hat, dann stellt sich die Frage: Was hat der noch mit mir zu tun? Die Juden in Babylon mögen noch eine besondere Beziehung zu ihm verspürt und sich im Hochgefühl ihrer geistigen Originalität gesagt haben: Wir sind die ersten, die das erkennen, die Auserwählten, denen das offenbar wird. Aber was ist, wenn sich das herumspricht? Wird dann nicht der geistige Boden, auf den wir bauen, zum Gemeinplatz, auf den alle bauen? Dieser Boden hat dann gar keinen besonderen Ort und kein besonderes Volk mehr. Er ist überall; aber damit nicht auch überall und nirgends?

Nietzsche gilt vielen bis heute als die Verkörperung des Nihilismus, als Leugner nicht nur Gottes, sondern aller höheren Ideale und moralischen Werte, als derjenige, der die Axt an die Wurzeln aller Kultur legte. So nahm ihn auch der amerikanische Fundamentalismus wahr: als Inbegriff alles Zersetzenden. Freilich wurde dabei bloß der Bote für die Botschaft verantwortlich gemacht. In Wahrheit ist Nietzsche der bis anhin exponierteste *Theoretiker* des Nihilismus: Kritiker einer Kultur, die er als zutiefst nihilistisch empfand. Und diesen Nihilismus sah er nicht etwa im 18. Jahrhundert entstehen, als der französische Materialismus den Menschen als Maschine, den Geist als höhere Materie und die Idee Gottes als Betrug raffinierter Priester deklarierte, sondern dort, wo der Schritt zum radikalen Monotheismus getan wurde. Wenn man die Welt aus dem *ruah* hervorgehen lässt, stellt man sie dann nicht gerade auf den Kopf? Macht man zu ihrem Fundus, dem Sichersten und Haltbarsten, nicht ausgerechnet das Fernste, Abstrakteste, Blutleerste: den Geist? Das ist für Nietzsche der Anfang vom Ende: »Gott als Krankengott, Gott als Spinne, Gott als Geist«, »einer der corruptesten Gottesbegriffe, die auf Erden erreicht worden sind« und sich »ins immer Dünnere und Blässere« transfiguriert. »Zwei Jahrtausende beinahe und nicht ein einziger neuer Gott! Sondern immer noch und wie zu Recht bestehend, wie ein ultimatum und maximum der gottbildenden Kraft, des creator spiritus im Menschen, dieser erbarmungswürdige Gott des christlichen Monotono-Theismus! Dies hybride Verfallsgebilde aus Null, Begriff und Widerspruch, in dem alle Décadence-Instinkte, alle Feigheiten und Müdigkeiten der Seele ihre Sanktion haben! – –«[24] Zieht man einmal die überschäumende Polemik des *Antichrist* ab, die von Nietzsches angespannten Nerven im letzten Jahr vor seinem Zusammenbruch zeugen, so bleibt gleichwohl unterm Strich: Jener Anfang des Alten Testaments, auf den sich der amerikanische Fundamentalismus als sein *non plus ultra* beruft, ist für Nietzsche der Anfang des Nihilismus: ein Ungrund, ein Abgrund. Mehr noch: Die Entwicklung der gesamten europäischen Kultur erscheint ihm als Entwicklung dieses nihilistischen Keims, und jeder Versuch, ihn zu ersticken, als Stimulus seiner Entfaltung.

Eine abenteuerliche Sichtweise? Gewiss; aber das ist noch kein Gegenargument. Es besteht durchaus Anlass, schon das Christentum als große Gegenbewegung gegen die monotheistische Abstraktionsdynamik zu verstehen: als Versuch, das Flüchtigwerden Gottes aufzuhalten. Die Evangelien sagen: Der ungreifbare letzte Grund aller Dinge ist zu einer bestimmten Zeit an einem bestimmten Ort in einer menschlichen Person greifbar geworden, und zwar in so wörtlichem Sinne, dass schließlich die Häscher sie griffen und ans Kreuz schlugen.

---

[24] F. Nietzsche, *Der Antichrist*, KSA 6, S. 184 f.

Nur über dies Greifbare kommt man zum Ungreifbaren: »Niemand kommt zum Vater denn durch mich«.[25] Das Greifbarwerden Gottes wird zwar deduktiv vorgestellt: »Und der *logos* ward Fleisch«.[26] Aber es ist induktiv zu lesen: als Versuch, Fleisch an die Knochen des Skeletts der Abstraktion zu bringen. Keine Frage, dass der christliche Inkarnationsgedanke wahnhaft ist. Warum sollte sich die allumfassende Gottheit, ihre Existenz einmal unterstellt, ausgerechnet in diesem einen Menschen auf einen Punkt zusammengezogen haben, dessen Hinrichtung durch Kreuzigung zwar glaubwürdig bezeugt, dessen Auferstehung und rettende Wiederkunft aber pure Beteuerung geblieben sind?

Doch es war hier abermals wie beim Schritt zum radikalen Monotheismus: Der Wahn erwies sich als Nährboden größter geistiger Potenzen. Jener Christus, in dem die ganze Weltgeschichte buchstäblich auf den Punkt gekommen sein soll, wurde zu einem intellektuellen Kristallisationspunkt ersten Ranges. Um ihn drehte sich, an ihm schärfte sich das geistige Instrumentarium einer ganzen Epoche. Wie soll man sich das begreifbar machen, dass einer ganz Gott geblieben, obwohl er ganz Mensch geworden ist und dass die Menschheit nur durch diese Tat Chancen hat, gerettet zu werden – wenn sie an die Heilskraft dieser Tat glaubt? Hier war nicht gefordert, an irgendein Ungefähr zu glauben, sondern an den authentischen Sachverhalt. Man hatte sich von der Menschwerdung Gottes, auch wenn sie im Innersten ein unvorstellbares, unbegreifliches Mysterium blieb, wenigstens keine falschen Vorstellungen zu machen und die Formulierungen zu finden, die davor schützten. Das war die Aufgabe der Theologen. Deren Kampf darum, ob Christus Gott »wesensgleich« oder nur »wesensähnlich« sei, war zwar Wortklauberei, aber eine unerlässliche. Wenn man Christus nicht so vorstellte, dachte, anbetete, wie er wirklich war, wie sollte er dann die Sünden vergeben und selig

[25] Joh 14, 6
[26] Joh 1, 14

machen? Plötzlich hingen von der richtigen Wortwahl Rettung und Verderben ab. Es bildete sich ein Sensorium für die existenzielle Bedeutung von Formulierungen. Natürlich führte auf die Dauer kein Weg daran vorbei, Christus als Gott »wesensgleich« zu denken. Andernfalls wäre bei der Inkarnation nicht Gott selbst Mensch geworden, sondern nur etwas ihm Ähnliches. Andrerseits kann Gott nicht so Mensch geworden sein wie im Märchen der Zauberer Maus. Dort frisst die Katze die Maus und erlöst vom bösen Zauberer. Bei einer nach diesem Modell gedachten Menschwerdung wäre mit dem Kreuzestod Jesu auch Gott unwiderruflich dahin gewesen.

So konnte es nicht gemeint sein. Also musste Gott bei der Menschwerdung sowohl ganz aus sich herausgegangen als auch ganz bei sich geblieben sein, was wiederum nur denkbar war, wenn er in zwei gleichwertige Momente unterschieden war, den »Vater« und den »Sohn«, als Vater und Sohn aber nicht in zwei Götter zerfiel, sondern völlig eins mit sich blieb: ein Gott. Dazu aber bedurfte es eines dritten Moments in Gott, gleichsam eines inneren Bindemittels zwischen Vater und Sohn, das die vollkommene Einheit und Gleichheit zwischen ihnen gewährleistete: den »heiligen Geist«. Erst durch sein gleichberechtigtes Hinzutreten wurde Gott als reine Identität, als Unterscheidung von sich selbst und als vollkommene Einheit des Unterschiedenen denkbar, und nun konnten die Theologen zu dem kühnen Dekret ansetzen, dass Gott zwar einer sei, aber aus drei Personen oder Hypostasen bestehe, von denen jede einzelne sowohl ganz Gott sei als auch eine seiner drei Personen, jede einzelne in den beiden anderen wirke als auch jede für sich.[27]

Die christliche Trinitätslehre hat die Gottheit nach allen Regeln der Kunst mit Reflexion durchtrieben. Sie ist die antike Schule der Dialektik. Kein Zufall, dass Hegel nicht nur seine Religionsphilosophie, sondern auch seine Logik und seine

---

[27] Ausführlich hierzu: C. Türcke, *Vermittlung als Gott*, Lüneburg 1986, S. 48 ff.

Enzyklopädie trinitarisch aufgebaut hat. Sogar seine Definition von Dialektik ist eine trinitarische Formel: »Identität der Identität und Nichtidentität«.[28] Aber die Trinitätslehre hat das christliche Volk nie wirklich erreicht. Es hat sie nachgesprochen, aber nicht begriffen. Und selbst für die Theologen blieb sie ein höchst unsicherer Boden, auf dem man sich stets mit Einsturzgefahr bewegte. Jede Betonung der Gleichwertigkeit und Eigenheit von Vater, Sohn und Geist konnte von missgünstigen Zeitgenossen als latenter Tritheismus gelesen werden, jede Hervorhebung der Einheit der drei göttlichen Personen als latente Leugnung der Trinität. Nie war man sicher vor der Falle der Häresie. Die Trinitätslehre hat das begriffliche Instrumentarium enorm geschärft, das Gefühl für die Lebenswichtigkeit des treffenden Worts kultiviert, das Balancieren bei halsbrecherischer geistiger Gratwanderung gelehrt. Sie hat zu dem großartigen Gedanken der *communicatio idiomatum* geführt, der »wechselseitigen Mitteilung der Eigenarten«, durch den man sich plausibel zu machen versuchte, wie in Christus göttliche und menschliche Natur gleichermaßen »ungetrennt und unvermischt« bestehen könnten – ein Gedanke, der ein dialektisch vertieftes Verständnis all der Zweiheiten ermöglichte, mit denen sich die Metaphysik seit Platon herumschlug: Einheit-Vielheit, Geist-Materie, Form-Stoff, Ruhe-Bewegung, Wesen-Erscheinung. Und dennoch haben die ganzen trinitarischen und christologischen Finessen die Gottheit um keinen Deut greifbarer gemacht, wohl aber das Leben der Theologen gefährlicher.

Nachdem das Christentum sein tausendjähriges Bestehen begangen hatte, Christus gleichwohl nicht wiedergekehrt war und alles für eine unabsehbar lange Fortdauer der Geschichte sprach, da begann sich das Bedürfnis nach neuer demonstrativer irdischer Festigung des Überirdischen zu regen. Die ersten großen romanischen Kirchen wuchsen empor, die weltlichen

---

[28] G. W. F. Hegel, *Wissenschaft der Logik I*, Werke (ed. Moldenhauer / Michel), Bd. 5, Frankfurt am Main 1969, S. 74

Mächte mussten die Oberhoheit Roms anerkennen, und es ist sicher nicht von ungefähr, dass 1077, in dem Jahr, wo Heinrich IV. seinen berühmten Gang nach Canossa antrat, um sich als Büßer vom Bann des Papstes Gregor VII. lossprechen zu lassen, eine Schrift entstand, die zur demonstrativen Festigung des Christentums insofern einen epochalen Schritt tat, dass sie eine qualitativ neue Stufe der Gewissheit zu erklimmen und sich der Existenz Gottes durch einen regelrechten Beweis zu versichern suchte: das *Proslogion* des Anselm von Canterbury. »Was sich erst beweisen lassen muss, ist wenig werth«,[29] heißt es bei Nietzsche. Es hat Beweise nötig, also ist es zweifelhaft. Und in der Tat ist der Gottesbeweis aus dem Zweifel geboren. Das *Proslogion* macht gar keinen Hehl daraus. Es beginnt nicht etwa mit methodologischen Überlegungen zu sicherer Beweisführung, sondern mit einem Gebet um Gewissheit – an denjenigen, dessen Existenz danach als unabweisbar gewiss dargetan werden soll. »Wohlan, jetzt also, mein Herr-Gott, lehre mein Herz, wo und wie es Dich suche, wo und wie es Dich finde.«[30] »Schließlich wurde ich geschaffen, um Dich zu sehen – und noch habe ich nicht getan, weswegen ich geschaffen wurde.«[31] »Ich bekenne, [...] dass Du in mir dieses ›Dein Bild‹ geschaffen hast, damit ich, Deiner mich erinnernd, Dich denke, Dich liebe. Aber so sehr ist es durch abnützende Laster zerstört, so sehr ist es durch den Rauch der Sünden geschwärzt, dass es nicht tun kann, wozu es gemacht ist, wenn Du es nicht erneuerst und wiederherstellst.«[32] Und erst nach inständigem, ausführlichem Gebet kommt der vergleichsweise äußerst knappe Beweis, der nur aus zwei Elementen besteht: einer Definition Gottes und einem Schluss daraus. Auch »der Tor, der in

---

[29] F. Nietzsche, *Götzen-Dämmerung*, l. c., S. 70
[30] Anselm von Canterbury, *Proslogion*, (ed. S. Schmitt), Stuttgart-Bad Cannstadt 1962, S. 75
[31] Op. cit., S. 77
[32] Op. cit., S. 83
[33] Psalm 14, 1

seinem Herzen spricht: es ist kein Gott«[33], kennt den Superlativ, auch er hat den Begriff eines Maximums, muss also einräumen, dass es Sinn macht, dasjenige »Gott« zu nennen, »über dem Größeres nicht gedacht werden kann«. Definiert man ihm Gott so, so »versteht er, was er hört; und was er versteht, ist in seinem Verstande, auch wenn er nicht einsieht, dass dies existiert«. Hat er aber die Konzession gemacht, diese Definition zu »verstehen«, so ist er auch schon »überführt« (*convincitur*), denn »sicherlich kann ›das, über dem Größeres nicht gedacht werden kann‹, nicht im Verstande allein sein. Denn wenn es bloß im Verstande ist, kann gedacht werden, dass es auch in Wirklichkeit (*in re*) existiere – was größer ist. [...] Es existiert also ohne Zweifel ›etwas, über dem Größeres nicht gedacht werden kann‹, sowohl im Verstande als auch in Wirklichkeit.«[34] Das war's eigentlich schon; nur dass Anselm auf seinen Beweis dann noch, wie ein Siegel, die Umkehrung draufsetzt: Wenn denn Gott tatsächlich als dasjenige zu denken ist, »über dem Größeres nicht gedacht werden kann«, dann kann »nicht einmal gedacht werden, dass er nicht existiert«,[35] so zwingend drängt sich mit dem Gedanken Gottes sein Sein auf. Wer also »in seinem Herzen spricht: es ist kein Gott«, ist ein für allemal als »Tor« überführt: Er redet Unsinn.

Interessant, dass der Anselmsche Gottesbeweis keine Jubelstürme auslöste, nicht als die Erlösung vom Zweifel begrüßt wurde, die er doch zu bringen schien. Im Gegenteil: Es war den Zeitgenossen eher unheimlich, dass eine kleine logische Operation, bestehend aus einer Definition und einem Schluss daraus, auf einmal in der Lage sein sollte, das Vergewisserungsbedürfnis von Jahrtausenden zu stillen. Gaunilo von Marmoutier schrieb sogar eine Replik *pro insipiente*: »für den Toren«[36]. Dass »kein Gott sei«, sei zwar unwahr, aber doch nicht derart unsinnig, dass man es nicht denken könne. »Wenn

---

[34] Anselm von Canterbury, l. c., S. 85 f.
[35] Op. cit., S. 87
[36] Op. cit., S. 138

das nicht möglich wäre, wozu dann gegen den, der die Wirklichkeit eines solchen Wesens verneint oder bezweifelt, diese ganze Darlegung aufwenden?«[37] Dass ein einziger logischer Kunstgriff genüge, um den »Toren« von seinem Unglauben zu kurieren, war auch den Frommen nicht geheuer. Lief dieser Beweis nicht allzu glatt? Ihr Argwohn hatte mehr Berechtigung, als ihnen lieb sein konnte. Anselm destilliert das Sein Gottes aus der Definition Gottes heraus, aber das Denken bleibt dabei bei sich selbst. Dass Gott gar nicht anders als existierend gedacht werden kann, ist eben selbst bloß ein Gedanke, der aus einer Definition folgt. Diese Definition behauptet aber bereits, dass Gott dasjenige *ist*, »über dem Größeres nicht gedacht werden kann«. Damit ist seine Existenz schon unterstellt. Das Beweisverfahren klaubt sie nur heraus. Es ist eine *petitio principii*: hat das zu Beweisende schon vorausgesetzt.

Der Anselmsche Gottesbeweis ist wie eine *ultima ratio*: der Versuch, den sich verflüchtigenden letzten Grund ein für allemal zu befestigen durch eine unwiderlegliche logische Operation. Nur dass Gott durch diese Operation derart fern, flüchtig, abstrakt, Begriffsgerippe wird wie nie zuvor. Und das neue Beweisverfahren, das gleichsam im Handstreich Gewissheit verschaffen möchte, führt zwar nicht an sein Ziel, schafft aber einen nie gekannten Begründungsdruck. Wer behauptet, Gott existiere so sicher, dass seine Nichtexistenz nicht einmal ernstlich gedacht werden kann, der strengt ein Zweifelausschlussverfahren an. Er sagt nämlich: Den Titel eines letzten Grundes verdient nun nur noch, was so sicher ist, dass es jeden Zweifel verunmöglicht. Mit dem Gottesbeweis kommt eine wissenschaftliche Strenge in die Welt, der kein Gottesbeweis genügt, die aber von nun an über alle Letztbegründungsversuche zu Gericht sitzt.

Die mittelalterlichen Theologen sind denn auch nicht direkt in Anselms Fußstapfen getreten. Sie haben seinen Beweis nicht zu bekräftigen versucht. Gleichwohl stehen sie in seinem

---

[37] Op. cit., S. 139

Bann. Ist die Möglichkeit, Gott zu beweisen, erst einmal in der Welt, kann man sich nicht mehr leisten, sie ungenutzt zu lassen. Man gäbe damit implizit zu, dass Gott sich nicht beweisen lässt. Nutzt man sie aber, läuft man Gefahr, dass der Beweis nicht erbringt, was er soll. So oder so – man steckt in der Zwickmühle. Thomas von Aquin, der schärfste Kopf der Scholastik, versuchte so herauszukommen, dass er nicht den Anselmschen Beweis führte, dafür aber gleich fünf andere – womit freilich Gott nicht fünfmal überzeugender bewiesen ist, sondern sich nur zeigt, wie sehr der Zweifel an diesem Beweis nagt, wenn man nötig hat, ihn in fünffacher Ausfertigung zu liefern. Auch hier gilt: Der Gottesbeweis untergräbt, was er befestigen soll. Mit ihm beginnt die Dämmerung des christlichen Gottes, der Untergang des letzten Grundes – der Aufgang der neuzeitlichen Wissenschaft.

Bei Descartes tut das Letztbegründungsunternehmen seinen letzten großen Schritt. Es gelangt tatsächlich zu jenem unbedingt Sicheren, woran jeglicher Zweifel ausgeschlossen ist. Nur ist das nicht Gott. Nur ein Tor könne ihn bezweifeln? Umgekehrt: Töricht ist, wer ihn nicht bezweifelt. Es gibt nichts, was Vernunft unbesehen hinnehmen dürfte. Gewissheit ist nur möglich, wenn zunächst einmal an *allem* gezweifelt wird, auch daran, »dass ich jetzt hier bin, dass ich, mit meinem Winterrock angetan, am Kamin sitze, dass ich dieses Papier mit den Händen betaste und ähnliches«, auch daran, »dass diese Hände selbst, dass überhaupt mein ganzer Körper da ist«;[38] denn dies alles könnte ich träumen; »ebenso könnte auch ich mich täuschen, sooft ich 2 und 3 addiere oder die Seiten des Quadrats zähle«, wenn nämlich »irgendein böser Geist, der zugleich allmächtig und verschlagen ist, […] all seinen Fleiß daran gewandt« habe, »mich zu täuschen«.[39] Nur eines bleibt dann unzweifelhaft: dass ich es bin, der sich täuscht. »Er täu-

---

[38] R. Descartes, *Meditationen über die Grundlagen der Philosophie*, Hamburg 1977, S. 33
[39] Op. cit., S. 37 f.

sche mich, soviel er kann, niemals wird er doch fertig bringen, dass ich nichts bin, solange ich denke, dass ich etwas sei.«[40] Auf eine Formel gebracht: »Ich denke, also bin ich.«[41]

In der Tat: Vom denkenden Ich kann ich nicht denken, dass es nicht ist. Hier ist jeglicher Zweifel ausgeschlossen, hier haben wir die Evidenz, die Anselm von Gott erwartete, hier greift die Letztbegründung endlich. Und was ergreift sie? So gut wie nichts. Nichts von dem, *was* ich da denke, mir einbilde, glaube, wird durch meine neue, absolute Gewissheit weniger zweifelhaft, als es war. Es kann weiterhin alles Spuk sein. Vom Zweifel ausgeschlossen ist nur eines: der Zweifel selbst. Er ist der wahre letzte Grund, keiner übrigens, in dem sich empfiehlt, vom Begründen auszuruhen, sondern ein Abgrund quälender Ungewissheit. Und aus dem wäre nach Descartes gar kein Hinauskommen, gäbe es unter all den zweifelhaften Vorstellungen, in denen ich befangen bin, nicht eine ganz besondere: die eines vollkommen Wesens. Ausgeschlossen, so suggeriert er, dass diese Vorstellung durch mich selbst kommt. Nie könne »etwas Vollkommeneres [...] aus dem weniger Vollkommenen entstehen«.[42] Wirkungen seien immer geringer als ihre Ursachen. Das Gesetz der Kausalität lasse keinen andern Schluss, als dass das vollkommene Wesen mir die Vorstellung von ihm eigens eingeprägt hat. Gott firmiert also als zweite Gewissheit, und nur über den Umweg des Gottesbeweises, der zeigt, wie dicht Descartes noch bei Anselm ist, werden dann auch die mathematischen Grundeinsichten dem Zweifel enthoben. Nur wenn Gott kein Betrüger ist, ist es nicht nur meine Marotte, sondern wahr, dass $2 + 3 = 5$.

Der Beginn der Neuzeit bringt das Ende der Letztbegründung. Zum einen kann sie nicht strenger werden. Mehr als Ausschluss jeden Zweifels oder vollkommene Evidenz kann man von einem letzten Grund nicht verlangen. Zum andern kommt

---

[40] Op. cit., S. 43

[41] R. Descartes, *Abhandlung über die Methode des richtigen Vernunftgebrauchs*, Stuttgart 1977, S. 32

nun ihr selbstzerstörerisches Wesen offen heraus. Je schärfer man den letzten Grund begrifflich zu fassen suchte, desto ungreifbarer und abstrakter wurde er, und wo man ihn schließlich hat, da ist er leer. Descartes unverbrüchliche Selbstgewissheit des Zweifels leistet den Offenbarungseid der Letztbegründung. Nur ist auch der noch einmal enorm produktiv gewesen: verbunden mit der Entfesselung der modernen Naturbeherrschung durch Mathematik und Physik. Aber die Entleerung des letzten Grundes ist unwiderruflich und hat sich allen modernen Versuchen mitgeteilt, doch noch einmal etwas unzweifelhaft Sicheres als Fundus menschlichen Daseins festzuhalten. Das gilt selbst von Größen wie Kant. Wir haben unzweifelhaft elementare Anschauungs- und Denkformen in uns, sagt er, ohne die wir die Sinnenwelt gar nicht unter Regeln bringen könnten,[43] und ein moralisches Gesetz, das uns kategorisch befiehlt, so zu handeln, dass die Maxime unseres Willens »jederzeit zugleich als das Prinzip einer allgemeinen Gesetzgebung gelten könne«.[44] Aber so wenig uns das moralische Gesetz in Konfliktfällen zweifelsfrei sagt, was wir tun sollen, so wenig verrät uns das Regelwerk der Anschauungs- und Denkformen, ob es uns die Sinnenwelt so darbietet, wie sie tatsächlich ist – oder wie durch eine gefärbte Brille.[45] Schon gar nicht führt Fichtes reflexiver Handstreich aus Descartes' Selbstgewissheit des Zweifels hinaus. Ein Ich, so das in mehreren Versionen der *Wissenschaftslehre* vielfach variierte Argument, gibt es erst, wo ein Bewusstsein sich als Ich weiß; also ist Reflexion nicht nur das, was das Ich tut, sondern auch

---

[42] R. Descartes, *Meditationen*, l. c., S. 73
[43] I. Kant, *Kritik der reinen Vernunft*, l. c., Transzendentale Analytik, passim
[44] I. Kant, *Kritik der praktischen Vernunft*, Werke, l. c., Bd. VII, S. 140
[45] Deshalb war Heinrich von Kleist von der Lektüre der *Kritik der reinen Vernunft* so erschüttert. »Wenn alle Menschen statt der Augen grüne Gläser hätten, so würden sie urteilen müssen, die Gegenstände, welche sie dadurch erblicken, *sind* grün – und nie würden sie entscheiden können, ob ihr Auge ihnen die Dinge zeigt, wie sie sind, oder ob es nicht etwas zu ihnen hinzutut, was nicht ihnen, sondern dem Auge gehört. So ist es mit

das, was das Ich überhaupt erst zum Ich macht. Fichtes Zauberwörtlein dafür: »setzen«. Das denkende Ich vergewissert sich seiner selbst, indem es sich »setzt«, was sowohl heißen soll, dass es sich konstituiert, als auch, dass es sich von allem *ab*setzt, was nicht Ich ist, und dieses Nicht-Ich als sein Gegenüber »setzt«: die Welt.[46] Und schon ist der reflexive Akt der Selbstvergewisserung in bezug auf das Ich zu einem Gründungsakt, in bezug auf das Nicht-Ich, die Welt, aber zu einem Schöpfungsakt geworden, Descartes' leere Selbstgewissheit zur vollen Weltgewissheit, zum *cogito ergo sum et est mundus* aufgeblasen. Aber was diese »gesetzte« Welt von einer bloß halluzinierten unterscheidet, vermag kein noch so umständliches Jonglieren mit den Bedeutungsnuancen von »Setzen« darzutun. Bei Schelling und Hegel schließlich wird mit dem ganzen spekulativen und dialektischen Raffinement des Deutschen Idealismus der pneumatische Weltfundus der antiken Philosophie zurückerobert. Er heißt Gott, Weltgeist, das Absolute. Aber klingt es nicht wie ein unfreiwilliges Geständnis, wenn Schelling dies Absolute, das sich bei ihm zur absoluten Indifferenz zusammenzieht, mit dem schönen Namen »Un-Grund«[47] belegt? Ebensowenig erweist Hegels Weltgeist sich

---

dem Verstande. Wir können nicht entscheiden, ob das, was wir Wahrheit nennen, wahrhaft Wahrheit ist, oder ob es uns nur so scheint. Ist das letzte, so *ist* die Wahrheit, die wir hier sammeln, nach dem Tode nicht mehr – und alles Bestreben, ein Eigentum sich zu erwerben, das uns auch in dass Grab folgt, ist vergeblich – Ach Wilhelmine, wenn die Spitze dieses Gedankens Dein Herz nicht trifft, so lächle nicht über einen andern, der sich tief in seinem heiligsten Innern davon verwundet fühlt.« (H. v. Kleist, *Sämtliche Werke und Briefe*, Bd. IV, München 1982, S. 634)

[46] Cf. J. G. Fichte, *Darstellung der Wissenschaftslehre (1801/1802)*, Hamburg 1997, S. 31 ff., 83 ff.

[47] F. W. J. Schelling, *Das Wesen der menschlichen Freiheit*, Werke, hg. v. K. F. A. Schelling, Bd. 7, S. 408. Dass »Un-Grund« eine Wortschöpfung aus der mystischen Theologie Jakob Böhmes ist, macht diesen Verdacht nicht gegenstandslos, weitet ihn umgekehrt auf die Fundierungsqualitäten der deutschen Mystik aus. Nicht von ungefähr witterte ja das kirchliche Lehramt schon bei Meister Eckehart die Untergrabung des christlichen Fundus.

als etwas Festes, Greifbares; er ist »Bewegung von Nichts zu Nichts und dadurch zu sich selbst zurück«[48] – nichts, was irgend Halt, Sicherheit, Ruhe gäbe. Die gedankliche Nähe zu jener rastlosen, grundlosen, haltlosen, ziellosen Prozessualität, die das große Ärgernis von Darwins Evolutionslehre ausmacht, liegt auf der Hand.[49]

Der Fundamentalismus ist das große moderne Sich-Sträuben gegen die Selbstzerstörung der Letztbegründung. Er hat eine tiefe Gemeinsamkeit mit Nietzsche. Er beklagt den europäischen Nihilismus. Nur dass er den etwas kurzsichtig wahrnimmt, ihn mit der Neuzeit beginnen lässt, in dem Moment, wo

---

[48] G. W. F. Hegel, *Wissenschaft der Logik II*, Werke, l. c., Bd. 6, S. 24

[49] Ein Thema für sich wäre der Letztbegründungsbedarf, der im 20. Jahrhundert an den Ausläufern kritischer Gesellschaftstheorie entstand. Der Adorno-Schüler Jürgen Habermas hatte gelernt, dass menschliche Vernunft nicht hinreicht, die Welt als ganze zu begründen, aber um so gefragter ist, wenn es um die Kritik sozialer Unvernunft geht. Kritik jedoch, so wandte er gegen Adorno ein, genügt nicht. Wer die bestehenden Verständigungsverhältnisse als unvernünftig brandmarkt – und Habermas ist bei aller Modifikation seiner Theorie nicht davon abgerückt, dass Vergesellschaftung im Kern symbolisch vermittelte Interaktion sei, sei's in lebendiger, sei's in zu Normen und Institutionen geronnener Gestalt – der müsse die Vernunft auf seiner Seite haben und nachweisen können, dass seine Kritik in der Logik dieser Interaktion selbst begründet sei – ein Nachweis, der nicht anders verlaufen kann als formal. Bei Habermas läuft er auf den bekannten sperrigen »Universalisierungsgrundsatz« (U) hinaus: Jede gültige Norm muss der Bedingung genügen, »dass die Folgen und Nebenwirkungen, die sich jeweils aus ihrer *allgemeinen* Befolgung für die Befriedigung der Interessen eines *jeden* Einzelnen (voraussichtlich) ergeben, von *allen* Betroffenen akzeptiert (und den Auswirkungen der bekannten alternativen Regelungsmöglichkeiten vorgezogen) werden können« (J. Habermas, *Moralbewusstsein und kommunikatives Handeln*, Frankfurt am Main 1983, S. 76). Dieser Grundsatz hat den Status einer »Argumentationsregel« (ebd.); er beschreibt, was logisch abläuft, wenn Normen auf verantwortliche Weise in Geltung gesetzt werden, nämlich so, dass sie »die Zustimmung aller Betroffenen als Teilnehmer eines praktischen Diskurses finden (oder finden könnten)« (l. c., S. 103) und damit dem »diskursethischen Grundsatz« (D) genügen (ebd.). Schenken wir Habermas die kleinen Löcher, die das Wörtlein »voraussichtlich«, der Bedeutungsradius von

es dem christlichen Abendland an die Substanz geht, während Nietzsche bemerkt hatte, dass der Nihilismus im Abendland von Anfang an enthalten ist. Er steckt schon im Monotheismus des Judentums. Der Rekurs auf den letzten Grund führt selbst zur Liquidation des letzten Grundes. In der Neuzeit wird das nur offenbar. Während Nietzsche aber begriff, dass an diesem Nihilismus kein Weg vorbeiführt, dass man ihn durchmachen muss wie ein Kind die Masern, dass nur ein Menschenschlag,

>»Nebenwirkungen« oder die Gleichsetzung von Indikativ und Konjunktiv (»finden – finden könnten«) in seine angeblich wasserdichten Grundsätze »U« und »D« bohren. Interessanter ist der von ihm in Gang gesetzte Begründungssog. Hatte er an Adornos Gesellschaftskritik beanstandet, ihr fehle die Begründung ihrer eigenen Normen, so muss er nun von seinem Weggefährten Karl Otto Apel hören, seine eigene Begründung setze am entscheidenden Punkt aus. Und tatsächlich: Die Argumentationsregel U beschreibt lediglich, was bei ethischer Normenfindung getan wird, während der diskursethische Grundsatz D zwar ethische Normenfindung verlangt, aber »nicht zur Argumentationslogik« der Universalisierung verpflichtet (S. 103). U ist strenggenommen nicht ethisch, D nicht von universaler logischer Verbindlichkeit, nirgends also der Punkt greifbar, wo die Form des Diskurses beides ist: ebenso logisch unabweisbar wie moralisch verpflichtend. Apel glaubt diesen Punkt gefunden zu haben: im »Apriori der Sprache und Kommunikationsgemeinschaft«, an dem jeder, der den Mund zum Sprechen auftut, schon teilhabe. Noch mit den renitentesten Fragen unterstelle er »immer schon bei sich und allen virtuellen Diskurspartnern eine *Mitverantwortung für die konsensfähige, rein argumentative Lösung der aufgeworfenen Frage*«, somit »nicht nur automatisch die *Gleichberechtigung* aller virtuellen Diskurspartner, sondern auch so etwas wie eine *Solidarität der Problemlösungsverantwortung* in der kontrafaktisch antizipierten idealen Kommunikationsgemeinschaft« (K.-O. Apel, *Diskurs und Verantwortung*, Frankfurt am Main 1988, S. 448 u. 451). Das soll die Letztbegründung sein, die die Habermas'sche Diskurstheorie erfordere, aber nicht leiste. Apels Beweis der Moral aus der Sprache läuft freilich wie Anselms Beweis Gottes aus dem Begriff. Das »Apriori der Kommunikationsgemeinschaft« muss schon moralisch präpariert worden sein, damit es eine universale Moral hergibt. Sprache muss schon allgemein auf Wechselseitigkeit und Gleichberechtigung vereidigt sein, um sie für alle verbindlich zu machen. Und dass Sprache bereits zehntausende von Jahren als Naturkraft zur Bändigung von Natur, der menschlichen wie außermenschlichen, gewirkt hat, als Besänftigung des Unheimlichen,

der ihn durchleidet, ohne daran zugrunde zu gehen, auch fähig sein könnte, über ihn hinauszukommen, ist der Fundamentalismus der verzweifelte Versuch, ihn zu umgehen. Er dekretiert einfach, da nicht mitzumachen, aus der unheilvollen nihilistischen Dynamik der Neuzeit auszusteigen und zurückzukehren zum ursprünglichen festen Fundament des Glaubens, als wäre er selbst vom Nihilismus nicht längst durchdrungen und dieses Fundament noch irgendwo unberührt zu haben. Bei Lichte besehen erweist sich das angebliche Aussteigen aus dem Nihilismus nur als ein tieferes Hineinsteigen in ihn: seine Selbstverleugnung. Hier wird ein Nihilismus praktiziert, der auch noch verneint, einer zu sein und sich in dieser Verneinung ver-

---

Beschwörung des Übermächtigen, Kommando übers Schwächere, ehe sie sich die Möglichkeiten des gleichberechtigten Diskurses erschloss? Das fällt als begründungsirrelevant heraus. Relevant ist allein die Form der diskursiven Wechselseitigkeit; nur aus ihr lässt sich der kategorische Imperativ zu Gleichberechtigung und Solidarität herausdestillieren. Er ist nicht bloß sehr abstrakt und formal. Er hat noch einen Haken: Kategorisch gilt er nur in der antizipierten idealen Kommunikationsgemeinschaft. Wo er evident und verpflichtend ist, da sind wir nicht; und wo wir sind, ist er nicht evident und verpflichtend. Er darf sogar »niemals unvermittelt auf eine konkrete Situation angewandt werden«; vielmehr sind wir in den Niederungen des Alltags »tagtäglich genötigt«, »gegen das Prinzip einer universalistischen Diskursethik zu verstoßen, um nicht unverantwortlich zu handeln« (l. c., S. 455 u. 464). Apel hat eine ganze Apparatur entwickelt, um aus diesem Zwiespalt herauszukommen – und ist immer noch drin. (Cf. C. Türcke, *Diskursethik als Dauerbegründung ihrer selbst*, in: R. Fornet-Betancourt, Konvergenz oder Divergenz? Eine Bilanz des Gesprächs zwischen Diskursethik und Befreiungsethik, Aachen 1994, S. 235 ff.) Indessen ist sein Verdacht gegen Habermas, die zureichende Begründung kritischen Denkens noch gar nicht geleistet zu haben, von anderen längst gegen ihn gekehrt worden. Muss die ideale Kommunikationsgemeinschaft nicht ihrerseits fundiert werden, sei es im »Leben« (Enrique Dussel), sei es in einem ontologischen Weltsubjekt (Vittorio Hösle)? Nicht von ungefähr hat der Versuch, durch zureichende Selbstbegründung der Vernunft über die kritische Theorie Adornos hinauszukommen, in den Sog der Letztbegründung zurückgeführt, und erneut wird bei keinem letzten Grund ein Halten sein.

härtet, sich auf ein Fundament versteift, dessen Wegbrechen er aufs Deutlichste verspürt.

Es gibt ein historisches Ereignis, wo dieses Verhalten erstmals in einer offiziellen Verlautbarung aktenkundig geworden ist. Das Erste Vatikanische Konzil beschloss 1870 das Dogma, dass der Papst unfehlbar sei, wenn er *ex cathedra* spreche, also Lehrsätze verkünde. Was sich in diesem Dogma ausspricht, ist freilich nicht naiver, übertriebener Glaube, wie viele Zeitgenossen meinten, sondern der Sieg des Nihilismus im Christentum. Hier wird den traditionellen Dogmen wie dem über die Wesensgleichheit des Sohnes, die volle Göttlichkeit des heiligen Geistes, die Jungfrauengeburt oder die Erbsünde nicht einfach ein weiteres hinzugefügt, sondern ein Dogma über alle bisherigen Dogmen erlassen, rückwirkend gesagt: Dies alles ist unfehlbar. Eine Religion jedoch, die die Unfehlbarkeit ihrer Lehrsätze zum Lehrsatz erhebt, verfährt nach dem Motto: § 1: Der Lehrer hat immer recht. § 2: Sollte der Lehrer einmal nicht recht haben, so gilt § 1. Sie hat Unfehlbarkeit nötig, weil sie spürt, wie fehl sie geht. Sie traut ihren eigenen Lehrsätzen nicht über den Weg. Sie stützt sich auf ein Fundament, von dem sie weiß, dass es nicht hält, und verbohrt sich nur um so tiefer in es. Erst wo das geschieht, ist der Tatbestand des Fundamentalismus erfüllt. Wenn man sagen kann, dass er im Jahre 1910 in den USA getauft wurde, so ist er 1870 in Rom zur Welt gekommen.

Im Prozess der Letztbegründung steckte von Anfang an ein nihilistischer Impuls. Er hat dazu geführt, den letzten Grund zu verflüchtigen statt zu sichern. Aber dieser Prozess war auch produktiv; auf jeder neuen Stufe der Abstraktion hat er neue geistige Kapazitäten freigesetzt. Freilich das geht nicht ewig so weiter. Descartes leistete noch den produktiven Offenbarungseid der Letztbegründung. Der Fundamentalismus ist seine unproduktive Ratifizierung. Er erinnert daran, dass alle Begründung um der Letztbegründung willen geschieht. Das ist das Seriöse an ihm, womit er an eine tiefe Wunde rührt, die jeder moderne Mensch verspürt: die Leerstelle des letzten Grundes. Aber wie er das Fehlende herbeizudekretieren sucht, ist das Unseriöse an ihm. Es ist mit ihm aber wie mit dem Gottesbeweis: Ist er erst einmal in der Welt, so gibt er auch den Ton an. Einen pneumatischen, sinnstiftenden Weltfundus behaupten kann man dann gar nicht mehr anders als sich auf etwas versteifend, um dessen Zweifelhaftigkeit man selbst zutiefst weiß. Das ist etwas anderes als Dogmatismus. Dogmatisch war das Sich-Berufen auf letzte Gründe von Anfang an, und es war nie ohne Verhärtung, die bisweilen ungeheuerliche, brutale Formen angenommen hat. Aber ohne Verhärtung hätte sich das Sensorium des *homo sapiens* zu kontinuierlichen Wahrnehmungs- und Denkformen nie festigen können. Selbst die Inquisition, der Inbegriff des grauenhaft Fanatischen, ist als wahnhafte Vorform der neuzeitlichen »Befragung« der Natur, des naturwissenschaftlichen Experiments, alles andere als geistig unproduktiv gewesen.[50] Natürlich hat nicht jeder Dogmatismus geistige Blüten getrieben, wohl aber war jahrtausendelang der jeweilige Höchststand menschlichen Bewusstseins dogmatisch. Der Dogmatismus ist der Gängelwagen jeglicher Wahrheitsstrebens. An ihm hat es laufen gelernt, von ihm muss es schließlich loskommen. Den Dogmatismus vormoderner Zeiten fundamentalistisch nennen hieße ein spezifisch modernes Phänomen pauschal in die Vergangenheit zurückprojizieren und damit Dogmatismus *und* Fundamentalismus verkennen. Dogmatismus ist gerade nicht immer schon Fundamentalismus gewesen. Er *wird* erst dazu: dort, wo der Letztbegründung der Geist ausfährt, wo sie alle Hände voll damit zu tun bekommt, sich gegen den erreichten Stand menschlichen Bewusstseins, also gegen besseres Wissen und gegen die eigenen Zweifel zu immunisieren oder abzuschotten, kurzum, wo sie unfruchtbar wird.

---

[50] Cf. C. Türcke, *Sexus und Geist*. Philosophie im Geschlechterkampf, Lüneburg ³2001, S. 110 ff.

3. Ästhetischer Fundamentalismus

Als Galilei zu der Auffassung gelangte, das Buch der Natur sei »in geometrischen Zeichen geschrieben«,[51] war das wie ein Aufatmen. Man musste die Natur nicht länger als einen Hort undurchschaubarer dämonischer Kräfte fürchten, die an allen Ecken und Enden zu schrecken, zu foppen, zu irritieren und die christliche Seele von der wahren Gotteserkenntnis abzubringen drohten. Vielmehr waren alle diese Kräfte im Prinzip durchschaubar. Jede von ihnen ließ sich auf eine mathematische Figur oder Formel zurückführen. Damit begann eine ungeheure Entzauberung. Nicht nur, dass die Natur nicht von okkulten Geistern durchsetzt war. Sie war auch nicht mehr das, was im Griechischen *kosmos* heißt: eine wohlgeformte, abgerundete, hierarchisch geordnete Welt mit der Erde als Zentrum, umgeben von Sphären und Himmelskörpern, sondern ein unbegrenzter, offener Raum, worin überall dieselben Gesetze galten – Gesetze, die man allein in der Sprache der Geometrie, also in der von Gerade und Kurve, Dreieck und Kreis angemessen ausdrücken und berechnen konnte, einer Sprache, die »im Himmel wie auf Erden« gleiche Gültigkeit beanspruchte, für die Bewegung von Himmelskörpern ebenso zuständig war wie für die von irdischen. Natur war nur noch die Sphäre grenzenloser Ausdehnung, *res extensa*. Die Körper darin hatten eine berechenbare Größe, Masse, Schwere, und vor allem, sie hatten – auch dies eine revolutionäre Entdeckung Galileis – die

---

[51] A. Koyré, *Galilei*. Die Anfänge der neuzeitlichen Wissenschaft, Berlin 1988, S. 26 f.

Eigenschaft der Trägheit: die Neigung, in dem Zustand zu bleiben, in dem sie sich befanden, sei er bewegt oder ruhig. Wie Bewegung entsteht, ist nur erklärungsbedürftig, wenn man voraussetzt, dass der Normalzustand eines Körpers die Ruhe ist. So hatten die Aristoteliker gedacht – und erfolglos jahrhundertelang an der Frage laboriert, wie er aus seiner ursprünglichen Ruhe heraustrete. Sie unterstellten einen *impetus*, eine erste innere oder äußere Antriebskraft, ohne die ein Körper gar nicht in Bewegung geraten könne. Noch Kepler glaubte anfangs, dass eine innere »Seele« die Himmelskörper zu ihrem Umlauf bewege. All diese Annahmen erübrigten sich mit der Entdeckung der Trägheit. Sie ist gleichgültig gegen Ruhe und Bewegung, lehrt beide als relative Zustände erkennen – ruhig ist etwas nur in bezug auf Bewegtes und umgekehrt – und scheint damit schlagartig einen uralten Erklärungsnotstand zu beheben. Ebensowenig wie okkulter Geister oder Dämonen bedurfte es länger eines *impetus* oder einer »Seele«, die die Welt in Bewegung setzt oder zusammenhält. Natur ernüchtert sich zu einer im Prinzip geheimnislosen, berechenbaren ausgedehnten Substanz, worin die Körper durch nichts als das Maß ihrer Trägheit in sich selbst zusammenhalten als auch untereinander konsistente Konstellationen bilden.

Allenfalls ein Phänomen gab noch Rätsel auf: die Anziehungskraft, die etwa dafür sorgte, dass in die Luft geworfene Gegenstände wieder zur Erde zurückkehrten. Dass ein Magnetstein weiches Eisen anzuziehen in der Lage ist, war schon seit der Antike bekannt – und ein Phänomen, das geradezu gebieterisch über sich selbst hinauszuweisen schien. Anziehung und Abstoßung: steckten darin nicht Sympathie und Antipathie, Liebe und Hass? Ist der Magnetismus nicht ein Fingerzeig dafür, dass hier eine ätherische, seelische, ja geistige Kraft bis ins Reich der Mineralien hineinreicht, der mit den starren Gesetzen der Mechanik gar nicht beizukommen ist? Diesen Verdacht hat die mathematische Strenge der modernen Naturwissenschaften nie ganz ausrotten können. Deshalb etwa ließ der Arzt Franz Anton Mesmer auch aufgeklärte Köpfe nicht unbeeindruckt, als er den mineralischen Magnetismus als bloße Außenseite eines höheren »tierischen Magnetismus« erklärte. Jedes Nervensystem sei von einem »Fluid« durchströmt, das wiederum an einem kosmischen Fluid, einer Art Weltäther, teilhabe. Stockungen dieses Ätherflusses bewirkten Störungen des Nervensystems, und dagegen entwickelte er eine Magnetotherapie.[52] Ob die Heilerfolge, die er für sich reklamieren konnte, tatsächlich auf den Einsatz von Magneten zurückgingen, ist umstritten, und gewiss beweisen sie nicht die Existenz des behaupteten Nervenfluids und Weltäthers. Dennoch hat Mesmer in einem Punkt recht behalten: Der mineralische Magnetismus ist bloß ein Spezialfall von Magnetismus.

Das stellte sich im 19. Jahrhundert heraus, als sich der Physik ein faszinierendes neues Gebiet auftat: der Elektromagnetismus. An seinem Anfang steht die Entdeckung, dass sich elektrisch geladene Körper ganz ähnlich verhalten wie magnetisierte. Sie bilden Pole, die einander bei gleicher Ladung abstoßen, bei entgegengesetzter anziehen. Elektrizität und Magnetismus sind aber nicht nur strukturell verwandt. Sie sind wie siamesische Zwillinge ineinander verwachsen. »Oersted entdeckte, dass jeder elektrische Strom von einem Magnetfeld umgeben ist. Ampère fand, dass ein Magnetfeld auf einen elektrischen Strom eine Kraft ausübt.« Den Durchbruch brachte »die von Faraday entdeckte Induktion: die Veränderung eines Magnetfeldes in der Umgebung eines elektrischen Leiters ruft in diesem einen Strom hervor. Ein bewegtes Magnetfeld entspricht einer elektromotorischen Kraft.«[53] Entscheidend dabei war Faradays Einsicht, »dass nicht die Körper, welche als ›Träger‹ von Elektrizität und Magnetismus bekannt waren, sondern der zwischen ihnen liegende Raum, das elektromagnetische

---

[52] Cf. F. A. Mesmer, *Abhandlung über die Entdeckung des thierischen Magnetismus*, 1781, Neuausgabe Tübingen 1985

[53] C. F. v. Weizsäcker / J. Juilfs, *Physik der Gegenwart*, Göttingen 1958, S. 47

Feld der Ort der entscheidenden Vorgänge war. Maxwell leitete theoretisch ab, dass dieses Feld zu wellenförmigen Schwingungen fähig sein müsse, und Hertz bestätigte diese Schwingungen experimentell. Rundfunk und Radar sind die technischen Folgen dieser Entdeckung.«[54]

Elektromagnetische Wellen, die sich mit Lichtgeschwindigkeit fortpflanzen, das Licht selbst als Wellenart begreifbar machen, neben Rundfunk und Radar auch das Telefon und das Röntgenverfahren ermöglichen: sie öffneten eine neue physikalische Dimension. Sie »waren das erste Beispiel einer unzweifelhaften physikalischen Realität, die wir weder direkt mit unseren Sinnen wahrnehmen noch auf einfache Weise unter einem ›materiellen‹ Bild denken können.«[55] Damit aber schien sich die Physik auf den Kopf zu stellen. Seit Galilei hatte sie alles, was in der Natur wie eine Manifestation von okkulten Kräften, Seelen, Geistern anmutete, in geometrische Zeichen, mathematische Formeln, mechanische Gesetze aufzulösen versucht, und nun führte dieses große Entzauberungsunternehmen zur Entdeckung von Wellen, die ebenso unzweifelhaft messbar wie sinnlich unfassbar waren, eine ebenso abstrakte wie bewegende Kraft, die die gesamte ausgedehnte Substanz durchdrang. War man hier beim Versuch, alles Metaphysische als Aberglauben auszutreiben, nicht selbst plötzlich an den Rand des Metaphysischen geraten? Waren die berechenbaren elektromagnetischen Wellen nicht die physische Erscheinung eines metaphysischen Wesens, das als Fluidum, Seele, Geist »die Welt im Innersten zusammenhält«? Sozusagen der physikalische Beweis für die Existenz der vierten Dimension, die die spekulative Mathematik hinter oder über der dreidimensionalen ausgedehnten Substanz vermutete? »Der Stein, den die Bauleute verworfen haben, ist zum Eckstein geworden«, heißt es in Psalm 118, 22. So hatte Israel seinen Wiederaufbau nach der babylonischen

[54] Op. cit., S. 44
[55] Ibid.

Gefangenschaft gedeutet, so hatte das Christentum Jesu Kreuzigung und Auferstehung ausgelegt, und nun drängte sich dieses Bild ein weiteres Mal auf. War die neuzeitliche Naturwissenschaft, der Widersacher alles Metaphysischen, nicht unversehens zu dessen Kronzeugen geworden?

Kurzum, die elektromagnetischen Wellen entwickelten noch einen ganz anderen Magnetismus als den physikalischen. Sie zogen wilde metaphysische Spekulationen auf sich. Helena Blavatsky, eine aus der Ukraine in die USA emigrierte reiche, gelehrte und charismatische Dame, gründete 1875 zusammen mit einem abgedankten Offizier, Colonel Henry Steel Olcott, eine theosophische Gesellschaft – nicht von ungefähr in New York. Die Ostküste der USA mit ihrer Vielfalt christlicher Konfessionen und Strömungen, durch die Masseneinwanderung der zweiten Hälfte des 19. Jahrhunderts in heftige soziale und mentale Unruhe versetzt – sie war ein vorzüglicher Nährboden für spiritistisches Konventikelwesen: genügend tolerant und religiös erregt für die Bildung von Gruppen, denen der Protestantismus, ja das ganze Christentum nicht mehr genügte. Blavatsky wollte weit darüber hinaus: die höhere Weisheit, die sich in den verschiedenen Weltreligionen, in Platonismus, Astrologie und Mysterienkulten nur sporadisch und partiell offenbart hatte, in einer höheren Gesamtschau vereinigen. Was bei dieser angeblichen Wiedergewinnung ältesten, ehrwürdigsten Menschheitswissens herauskam, war freilich eine ebenso eklektische wie esoterische Blütenlese, durchaus schon komponiert nach einem später so erfolgreichen amerikanischen Muster: *the best of...*

Kaum dass sich der christliche Fundamentalismus formierte, bildete er in Gestalt der Theosophie auch schon eine erste neuheidnische Wucherung, die übrigens nicht ohne Raffinement war. Vermochte sie doch den Anschein zu erwecken, auf dem neuesten Stand von Naturwissenschaft und Technik zu argumentieren, und empfahl sich als eine Art Meta-Naturwissenschaft. »Die Meinung der Theosophen ist, dass, obgleich ihre Lehren auf der Einheit von Stoff und Geist beruhen, und obgleich sie sagen, dass der Geist die höhere Form des Stoffes ist, und der Stoff einfach krystallisierter Geist, gerade wie Eis verdichteter Dampf ist, so ist für sie doch die ursprüngliche und ewige Bedeutung des ›All‹ nicht Geist, sondern ›Übergeist‹; es ist so zu sagen, der sichtbare und feste Stoff einfach eine periodische Offenbarung des Geistes.«[56] In diesem Schema konnten die elektromagnetischen Wellen wunderbar als jenes Zwischenstadium firmieren, wo der »Übergeist« noch nicht zu festem Stoff geronnen ist, sondern in Form eines »Weltäthers« pulsiert und in physischen Schwingungen zugleich sein metaphysisches Wesen mitteilt.

»Medium« heißt wörtlich Mittleres, Mittel, Vermittlung. Man dachte dabei im 19. Jahrhundert vornehmlich an physikalische Leiter – etwa den Blitzableiter als ein Medium von Elektrizität –, aber noch nicht an das, was heute gewöhnlich unter »den Medien« verstanden wird. Funk und Fernsehen waren noch fern. Hingegen wuchs dem Begriff »Medium« dort neue Brisanz zu, wo die Physik an die Grenzlinie zur Metaphysik zu stoßen schien. War der »Äther« der elektromagnetischen Wellen nicht die höchste denkbare Form des Mediums: die Vermittlung zwischen der dreidimensionalen physischen Welt und der höheren des Geistes? Diesen Verdacht hegte nicht nur Blavatsky. Er ging in diesen Jahren geradezu um. Sie fand ihn bereits formuliert in *The Unseen Universe* (1875), einem vielbeachteten Buch von Balfour Stewart und Peter Guthrie Tait. »[...] was wir gewöhnlich Äther nennen,« las sie dort, »kann nicht ein blosses Medium sein, sondern ein Medium *plus* der unsichtbaren Ordnung der Dinge, sodass, wenn die Bewegungen des sichtbaren Universums auf den Ether [sic] übertragen werden, ein Teil von ihnen wie über eine *Brücke* in das unsichtbare Universum gebracht wird, wo sie gebraucht und gelagert werden.« Wenn das aber so ist, sagte sich Blavatsky, dann müsste der »Ether oder das Astrallicht« »Daguerrotypen aller

[56] H. Blavatsky, *Der Schlüssel zur Theosophie*, 2. Auflage, S. 30

unserer Tätigkeiten« aufnehmen können. Und sie folgerte: Eine »grosse Bildergallerie« »liegt in jenem alles durchdringenden, universalen und stets festhaltenden Medium gebettet«. Menschen mit hellseherischer »psychometrischer Kraft« wären lediglich besonders sensibel für diese Bildwelt.[57]

So kommt durch einen kühnen Analogieschluss die Fotografie unversehens zu theosophischen Ehren, die avancierteste Bildtechnik in den Bannkreis des Okkultismus. Wie auf der fotografischen Platte sich die Natur durchs Licht gleichsam selbst zeichnet – *The Pencil of Nature* hatte Fox Talbot seine Pionierarbeit genannt – so sollte sich im »Äther« als einem unendlich zarten Film eine Unzahl feinster Bilder niederschlagen – womit der »Äther« der Inbegriff der Empfänglichkeit, das Medium schlechthin wäre: der einzige und wahre Zugang zur Sphäre des reinen Geistes oder, wenn man will, »Übergeistes«. Irdischen Wesen erschließe sich dieser Zugang in dem Maße, wie sie selbst an den medialen Eigenschaften des Äthers teilhätten – gleichsam zu seinen lebendigen Transparenten würden.

Der Mensch als Medium: das war in den USA nun schon ein Vierteljahrhundert ein beliebtes Thema, seit 1848 die Töchter des Farmers Fox im Staate New York sich als empfänglich für ein Klopfen zeigten, das die Angehörigen nur als Klopfgeist zu deuten wussten, der sich alsbald, wie durch ein etwas undeutliches Morsealphabet, als der Geist eines in diesem Hause Ermordeten »kundgab« und damit die Möglichkeit von Mitteilungen aus dem Jenseits zu beweisen schien. »Sehr rasch wurden Frau Fox und ihre Töchter zum Zentrum eines Zirkels: 1849 erfolgte in Rochester die erste öffentliche Demonstration, die bei Presse und Rundfunk eine ungeheure Wirkung erzielte. Weitere Séancen in anderen Städten schlossen sich an, und

---

[57] Zit. n. L. D. Henderson, *Die moderne Kunst und das Unsichtbare*: Die verborgenen Wellen und Dimensionen des Okkultismus und der Wissenschaften, in: *Okkultismus und Avantgarde*, Schirn Kunsthalle, Frankfurt am Main 1995, S. 17

innerhalb von zwei bis drei Jahren war das ›spirit rapping‹ zu einer populären Bewegung geworden, die auch in Großbritannien und Europa rasch Zulauf fand.«[58] Überall fanden sich nun Medien, die besonders leicht in Trance oder hypnotische Zustände gerieten, in deren Gegenwart sich Tische in Bewegung setzten, ungewöhnliche Geräusche hörbar wurden, die unversehens mit den Stimmen Verstorbener sprachen oder Abdrücke ihrer Gestalt in ihrer Umgebung hinterließen. Es nützte nichts, dass etwa der Physiker Faraday das Tischerücken untersuchte und zu dem Ergebnis kam, weder Elektrizität noch Magnetismus noch irgendein Äther oder Fluid setzten die Tische in Bewegung, sondern »unwillkürliche und unbemerkte Muskelbewegungen und Gewichtsverlagerungen der Hände der erwartungsvollen Sitzungsteilnehmer«.[59]

Der Elektromagnetismus war zum Ventil für ein metaphysisches Bedürfnis geworden, das sich in der entzauberten modernen Welt kaum mehr irgendwo Luft verschaffen konnte. So froh die christlichen Kirchen über diesen neuen religiösen Aufschwung sein konnten, so entsetzt waren sie über seine Ausdrucksform. Im Windschatten moderner Physik kam ältester Aberglaube wieder hoch: jene Art von Totenbeschwörung, die bereits dem alttestamentlichen Gott ein »Greuel« war.[60] Er war der Herr über Lebende und Tote. Unvereinbar mit seiner Erhabenheit, dass Geister Verstorbener nach Belieben umgehen und von den Lebenden herbeizitiert werden konnten – eine Position, die der christliche Monotheismus übernommen hatte. Der strenge amerikanische Protestantismus nahm daher gegen Tischerücken, Klopfgeister und Medien die nüchterne wissenschaftliche Partei der Physik, aber mit recht unwissenschaftlichen Hintergedanken. Er erklärte den ganzen spiritistischen Zauber für Blendwerk, aber nicht im Sinne profanen Betrugs,

---

[58] E. Bauer, *Spiritismus und Okkultismus*, in: Okkultismus und Avantgarde, l. c., S. 64
[59] Op. cit., S. 68
[60] 1Sam 28

sondern Blendwerk des real existierenden Satans, der, indem er eine Kommunikation mit der Geisterwelt der Verstorbenen vorgaukele, die Seelen vom wahren Glauben ab und ins Verderben ziehe. Spiritistische Sitzungen waren also dämonischer Gottesdienst und ihre Teilnehmer irregeleitete, zum wahren christlichen Gottesdienst zu bekehrende Seelen.

Auch für die Theosophie war der platte Spiritismus unseriös, kam sie doch mit der hohen Ambition daher, die Weisheit der Welt in einer wissenschaftlich-überwissenschaftlichen Gesamtschau zu vereinen. Und bei allem, was sich gegen Blavatsky einwenden lässt: Ihre Belesenheit und Gelehrsamkeit war enorm. Dennoch war auch für sie die wahre Weisheit, also die Theosophie, abhängig davon, dass man empfänglich war für die ätherischen Mitteilungen, in denen sich durch Licht- und Schallwellen, Vibrationen und Erschütterungen der »Übergeist« zu offenbaren schien. Kurzum, man musste Medium sein. Ohne Spiritismus ging es nicht. Und zur Ironie der theosophischen Bewegung gehört, dass ihr *spiritus rector*, also Frau Blavatsky höchstselbst, bald nach Übersiedlung der Gesellschaft nach Indien in den Verdacht geriet, kein seriöses Medium zu sein. Nun hatte sich in London, als eine Art Seitenstück zur theosophischen Gesellschaft, eine *Society of Psychical Research* gebildet. Sie prüfte bei Bedarf Menschen auf ihre medialen Qualitäten – ganz im Sinne jenes seriösen Spiritismus, den Blavatsky vertrat. Um alle üble Nachrede jäh verstummen zu lassen, unterzog sie sich vor diesem Gremium einem Test – und fiel durch. Der Skandal und die Irritation waren groß, die Spaltungen vielfältig, was aber die allgemeine okkultistisch-spiritistische Gärung nur intensivierte.

Um die Wende zum 20. Jahrhundert hatten sich theosophische, okkultistische, spiritistische Zirkel in allen kulturellen Zentren der westlichen Welt gebildet. Man könnte sie als fundamentalistische Sumpfblüten am Stiel eines verdorrenden Christentums getrost übergehen, wäre aus diesem Sumpf nicht eine Bewegung hervorgegangen, die die Aura des Revolutionären bis heute nicht verloren hat: die Avantgardekunst. Als Kandinsky 1910 sein künstlerisches Manifest verfasste, war ihm die Theosophie nicht nur Bündnispartner gegen die »materialistischen Anschauungen, welche aus dem Leben des Weltalls ein böses zweckloses Spiel gemacht haben«.[61] Sie war ihm weit mehr: »eine Hand, die zeigt und Hilfe bietet«, »ein starkes Agens«, das »als Erlösungsklang zu manchem verzweifelten in Finsternis und Nacht gehüllten Herzen gelangen wird« – und eine immense Verheißung: »Ein neuer Sendbote der Wahrheit«, so las er in Blavatskys *Schlüssel der Theosophie*, »wird von der theosophischen Gesellschaft die Menschheit für seine Botschaft vorbereitet finden: es wird eine Ausdrucksform geben, in die er die neuen Wahrheiten wird kleiden können, eine Organisation, die in einer gewissen Beziehung seine Ankunft erwartet, um dann die materiellen Hindernisse und Schwierigkeiten von seinem Wege wegzuheben«.[62] War das nicht wie auf ihn gemünzt? War hier nicht jene große ästhetische Wende prophezeit, als deren Sendbote sich zu fühlen Kandinsky in den ungemein fruchtbaren Jahren um 1910 durchaus Anlass hatte? »Die Literatur, Musik und Kunst sind die ersten empfindlichsten Gebiete, wo sich diese geistige Wendung bemerkbar macht in realer Form.«[63] In der Sprache Maeterlincks etwa sei der »reine Klang« des Wortes herausgearbeitet und übe »einen direkten Druck auf die Seele aus. Die Seele kommt zu einer gegenstandslosen Vibration, die noch komplizierter, ich möchte sagen ›übersinnlicher‹ ist als eine Seelenerschütterung von einer Glocke, einer klingenden Saite, einem gefallenen Brette usw.«[64] Schönberg biete die musikalische Variante des reinen Klangs. Er »führt uns in ein neues Reich ein, wo die musikalischen Erlebnisse keine akustischen

---

[61] W. Kandinsky, *Über das Geistige in der Kunst*, Bern 1952, S. 22
[62] Op. cit., S. 43 u. 42
[63] Op. cit., S. 43
[64] Op. cit., S. 46

sind, sondern *rein seelische.*«[65] Blieb nur noch, auch in der bildenden Kunst dies neue Reich zu betreten. Cézanne sei bereits an dessen Schwelle gekommen. »Er verstand aus einer Teetasse ein beseeltes Wesen zu schaffen oder richtiger gesagt, in dieser Tasse ein Wesen zu erkennen.«[66] Aber den beherzten Schritt über die Schwelle, mit dem die Malerei alles Naturalistische, alle »[g]röbere[n] Gefühle wie Angst, Freude, Trauer usw.« abstreift, den rechnet Kandinsky erst sich selbst zu. Der Künstler »wird suchen, feinere Gefühle, die jetzt namenlos sind, zu erwecken. Er lebt selbst ein kompliziertes, verhältnismäßig feines Leben, und das aus ihm entsprungene Werk wird unbedingt dem Zuschauer, welcher dazu fähig ist, feinere Emotionen verursachen, die mit unseren Worten nicht zu fassen sind.«[67]

Dies Reich der feinen Emotionen oder Vibrationen, worin Künstler und Betrachter eins werden, aber allmählich auch alle Künste zu einer verwachsen sollen,[68] ist für Kandinsky eben jener schwingende Weltäther, jenes geistige Fluidum, wovon die Theosophie wohl den allgemeinen Begriff, aber allein die Kunst das besondere lebendige Gespür haben soll. Hier soll schon Ereignis werden, wofür noch alle Worte fehlen. In der Kunst der Zukunft sollen sich nicht länger die groben, äußerlichen, zu Dingen kristallisierten Manifestationen des »Geistes« niederschlagen, sondern seine lebendigen Schwingungen selbst. Kunst besteht darin, diese Schwingungen aufzufangen, sinnlich zu bündeln und in ein zuinnerst durchdringendes Gefühl zu verwandeln. Der Künstler ist das wahrhafte Medium, seine Arbeit die authentische Séance.

Mit dieser Auffassung steht Kandinsky nicht allein. Umgekehrt: Unter denen Avantgardisten gibt es kaum einen, der *nicht* okkultistisch-theosophisch angehaucht wäre.[69] Bei Kan-

---

[65] Op. cit., S. 49
[66] Op. cit., S. 50
[67] Op. cit., S. 23
[68] Op. cit., S. 56

*Bild 1 Louis Darget »La Canne«, ca. 1896
Postkarte*

dinsky hat dieser Hauch bloß einen besonders reflektierten Niederschlag gefunden. Bei anderen äußert er sich viel schlichter – und ungeschützter. Die beiden französischen Okkultisten Albert de Rochas und Hippolyte Baraduc hatten, ganz im Sinne von Blavatskys Vorstellung vom Äther als »Bildergalerie«, als fotografischem Niederschlag des Übersinnlichen, an einer »Ikonografie des unsichtbaren Fluidums« gearbeitet; Baraduc mit lichtempfindlichen Platten und elektrischem Strom, um »leuchtende Schwingungen der Seele«, sogenannte *psychicones* aufzuzeichnen, in denen er Gemütsbewegungen und Gedanken im Bilde festzuhalten glaubte. Der amerikanische Ingenieur Edwin Houston knüpfte an die von Hertz nachgewiesenen Ätherschwingungen eine Theorie der »Gedanken-

---

[69] Wie weit diese Affinität reicht, ist erstmals von der großen Frankfurter Ausstellung *Okkultismus und Avantgarde* sinnfällig herausgearbeitet worden, deren Katalog hier ausgiebig zitiert wird.

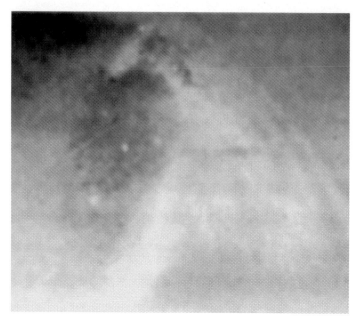

*Bild 2 Louis Darget »Traumfotografie - Der Adler«, 1896
Fotografie*

wellen«[70], und der Franzose Louis Darget widmete sich der »Gedankenfotografie«. Es begann mit einer Schnapsflasche, die ihm seine Gastgeberin eines Abends vorgesetzt hatte. Er starrte sie an »und projizierte die Vorstellung dieses Bildes durch eine längere konzentrierte Willensanstrengung auf eine Platte. Es entwickelte sich darauf tatsächlich ein flaschenähnliches Bild [...] Er wiederholte diesen Versuch mehrere Male mit Erfolg, nur bei dem letzten erhielt er zu seinem eigenen Erstaunen statt der Flasche das Bild einer Frau mit einer, nach seinen Worten, ›sehr eigenartigen Frisur‹.« Von diesem Experiment haben sich keine »Dokumente« erhalten, nur von späteren, etwa eine Kanne, die sich Darget so intensiv vorgestellt

---

[70] L. D. Henderson, l. c., S. 24

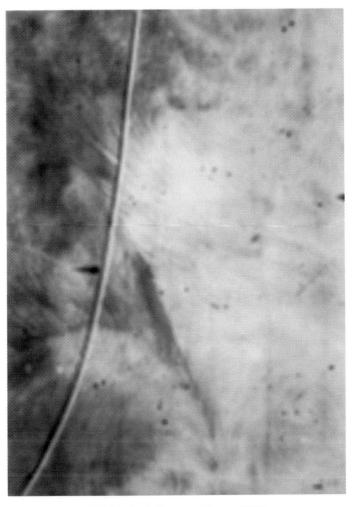

Bild 3 Louis Darget »Zorn«, 1896
Fotografie

haben will, dass sich ihre Konturen auf einer Platte abzuzeichnen begannen (Bild 1), oder fotografische Niederschläge von signifikanten Erregungszuständen wie Traum oder Zorn (Bild 2 und 3).

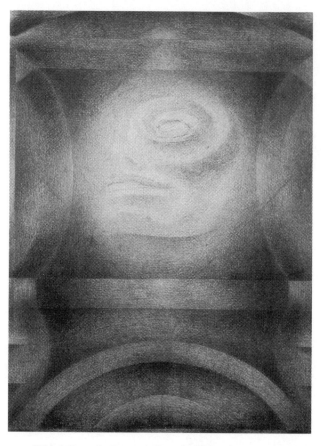

*Bild 4 Romolo Romani »Das Wehklagen«, um 1905
Bleistift auf Papier*

Kandinsky ist an diesen Versuchen sehr interessiert gewesen. Die Arbeiten von Rochas und Baraduc hat er nachweislich verfolgt. Über Darget ließ er sich von seinem Freund Rönnebeck Materialien schicken. Allerdings zog er nicht den Schluss daraus, der sich Friedrich Feerhow in seinem Buch *Die Photographie des Gedankens* 1913 aufdrängte: »Das ganze beschwerliche Arsenal von Leinwand, Palette, Pinsel, Farben-

*Bild 5 Romolo Romani »Der Reiche«, 1905/06
Bleistift auf Papier*

kleckserei wird überflüssig [...] Ein Künstler, der direkt als Psychograph arbeiten lernt, arbeitet anders [...] Statt der eintönigen Schicht wird der Künstler farbenempfindliche Platten anwenden und darauf sein Strahlungsbild ergießen.«[71] So einfach würde es nicht gehen, ahnte Kandinsky. Insofern misstraute er den gedankenfotografischen Experimenten und blieb lieber bei der »Farbenkleckserei«. Gleichwohl sah er in ihnen verwandte Bestrebungen, die, wenn auch mit zweifelhaften Mitteln, ums Richtige bemüht waren: durch all die äußerlichen,

---

[71] Zit. n. V. Loers, »*Das Kombinieren des Verschleierten und des Bloßgelegten*« – Kandinsky und die Gedankenfotografie, in: Okkultismus und Avantgarde, l. c., S. 249

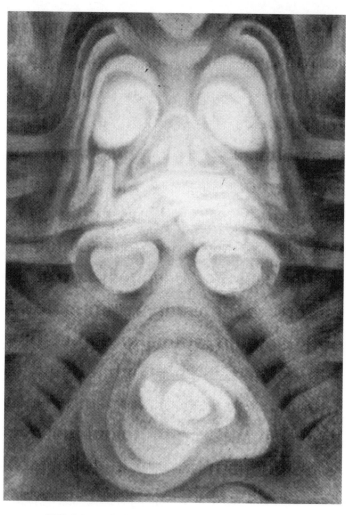

*Bild 6 Romolo Romani »Das Schweigen«, um 1905
Bleistift auf Papier*

*Bild 7 Umberto Boccioni »Materia«, 1912
Öl auf Leinwand*

groben, ablenkenden Formen, in die der »Materialismus« die Menschen eingelullt habe, hindurchzudringen zum Wesentlichen: in die Sphäre des Inneren, Feinen, Schwingenden, Geistigen.

Wenn »Materialismus« so viel heißt wie moderne industrielle Welt, dann ist die Avantgardekunst antimodern. Ihre Pioniere sind durchweg von der ökonomischen Gesetzmäßigkeit erschüttert, mit der diese Moderne alles Individuelle, alles Sinnlich-Konkrete virtuell austauschbar macht: zu etwas, was sich in Geldquanta darstellen lässt. Dass sie so viel von feinen höheren Schwingungen und Vibrationen reden, ist Echo davon, dass sie selbst vom tendenziellen Ausverkauf der Sinnenwelt tief aufgewühlt sind. Das macht, bei aller sonstiger Verschiedenheit, ihren gemeinsamen Impuls aus. Man darf ihn ebenso reduktionistisch wie fundamentalistisch nennen: die überkommene sinnliche Welt in all ihren Figuren, Farben, Tönen als ein vordergründiges Gaukelspiel zu erachten, gleichsam einen bunten Nebel, den die Kunst zu durchdringen habe, um das Wahre, Geistige, Göttliche selbst hervortreten zu lassen. Schon 1905/06 hat Romolo Romani Bilder mit einem Abstraktionsgrad gemalt, den Kandinsky erst bei seinem Durchbruch 1910 erreichte. Und sie geben auf einfache Weise zu verstehen, wohin die Abstraktion will. Sie möchte nicht bloß einen Wehklagenden zeigen, sondern das Wehklagen selbst (Bild 4), nicht bloß einen Reichen, sondern das Wesen, will sagen, das Unwesen des Reichtums (Bild 5), und schließlich versucht sie sogar einen Zustand transparent zu machen, der ebenso unsinnlich ist wie ergreifend: das Schweigen (Bild 6). Wie beeindruckt der Futurist Umberto Boccioni von Romani war, zeigt sein Gemälde *Materia* von 1912 (Bild 7), das die Facetten des lateinischen Wortes, namentlich seine Herkunft von *mater* bildlich auseinanderlegt – und Materie ebenso als Stoff, Energie, Schwingung, Erregung und Mutter darstellt. Die Mutter des Malers – ihre individuellen Züge schimmern an Gesicht und Händen noch durch – erscheint hier im Zustand der Auflösung ins Wesentliche, Spirituelle,

Vibrierende, Kosmische. »Unsere futuristische Kühnheit hat bereits die Tür zu einer unbekannten Welt aufgestoßen«, schreibt er 1914 in seiner *Pittura scultura futuriste*. »Wir schaffen etwas, das dem entspricht, was der Physiologe Charles Richet als Astralplastik oder Ideoplastik bezeichnet. Für uns ist das biologische Rätsel der mediumistischen Materialisation eine Gewissheit...«[72] Frantisek Kupka, der auf seine Weise zur Abstraktion vorstieß, knüpft nahezu unverhohlen an Blavatskys ätherische »Bildergalerie« an, wenn er – um 1910/11 – das Denken des Künstlers einen »überaus empfindlichen Film« nennt, »der auch jene unbekannten Welten spüren (sehen) kann, deren Rhythmen uns unfassbar scheinen«.[73] Franz Marc notierte 1914: »Alle okkultistischen Phänomene haben in der Form, in der sie sich uns heute zeigen, ein äußerliches Analogon, das man die materialistische Form immaterieller Ideen nennen könnte. Das mediumistische Durchdringen einer Materie können wir durch die X-Strahlen gewissermaßen experimentell ausführen, das Schweben, d. h. das Aufheben des spezifischen Gewichtes, durch magnetische Experimente belegen. Ist nicht unser Telegraphenapparat eine Mechanisierung der berühmten Klopftöne? Oder die drahtlose Telegraphie ein Exempel der Telepathie? Die Grammophonplatte scheint experimentell zu beweisen, dass die Verstorbenen noch zu uns reden können.

[72] Zit. n. K. Harlow Tighe, *Die Schriften von Umberto Boccioni*: Schlüssel zum Verständnis der Beziehung zwischen italienischem Futurismus und Okkultismus, in: Okkultismus und Avantgarde, l. c., S. 469. Eine Äußerung, von der aus deutlich wird, dass es keineswegs bloß Metaphorik war, wenn Marinetti, der Begründer des Futurismus, eine *Neue Moral-Religion der Geschwindigkeit* entwarf: »Wenn Beten im Kommunizieren mit dem Göttlichen besteht, so ist Fortbewegung in großer Geschwindigkeit ein Gebet. Heiligkeit des Rades und der Schienen. Man muss auf den Schienen knien, die göttliche Geschwindigkeit anzubeten. [...] Der Rausch der hohen Geschwindigkeit im Automobil ist nichts anderes als die Freude, sich mit der einzigen *Göttlichkeit* vereinigt zu wissen.« (Zit. n. H. Schmidt-Bergmann, *Futurismus*. Geschichte, Ästhetik, Dokumente, Reinbek 1993, S. 204 f.)
[73] F. Kupka, zit. n. L. D. Henderson, l. c., S. 20

Das Okkulte gewinnt heute infolge dieser experimentellen Analogien eine ganz neue Bedeutung [...] Wer sollte so blind sein, diese merkwürdigen Zusammenhänge der geistigen Ideen mit dem physikalischen Experiment, des Innerlichen mit dem Äußerlichen zu leugnen?«[74] Malewitsch verstand unter »Suprematismus« einen Vorstoß in die vierte Dimension, die »gegenstandslose Welt oder das ›befreite Nichts‹«, sein *Schwarzes Quadrat* erachtete er durchaus als eine Art Über-Ikone, in der die schal gewordene dreidimensionale Sinnenwelt symbolisch implodiert, sich auf einen mystischen Fleck zusammenzieht und durch ihn hindurch in die »supreme« Realität hineinzieht: »Unser Zeitalter läuft in vier Richtungen zugleich, wie ein Herz, sich ausdehnend, es schiebt die Wand des Raums nach vorn, dringt in alle Richtungen vor. Die Urzeit bewegte sich auf einer Linie voran, dann auf zwei und drei, und jetzt auf vier – in den Raum hinein und befreit sich von der Erde.«[75] Mondrian war Mitglied der theosophischen Gesellschaft der Niederlande und verstand seine reduzierten geometrischen Bilder als »Übergang in feinsinnigere Regionen«[76], als Maßnahmen, Farbe und Form dermaßen zurücktreten zu lassen, dass das Geistige als ihr Wesentliches hervortrete. »ich spüre luft von anderem planeten«, heißt es bei Stefan George, der mehr noch als Maeterlinck den Gestus des »reinen Klangs« gepflegt hat: des derart verknappten, entschlackten, geläuterten Worts, dass sein Hervorhauchen selbst schon als Vibration des Geistes erfahren werden soll. Und George hat solcher Erfahrung den kongenialen Resonanzboden einer gottesdienstlichen Zelebration gegeben, bei der er selbst der Hohepriester und seine Schüler die Jünger waren.[77] Auch Schönberg hat sich von dieser »luft von anderem

---

[74] F. Marc, *Zur Kritik der Vergangenheit* (1914), zit. n. Okkultismus und Avantgarde, l. c., S. 275 f.

[75] K. Malewitsch, zit. n. A. Parton, *Avantgarde und mystische Tradition in Russland 1900 – 1915*, in: Okkultismus und Avantgarde, l. c., S. 213

[76] P. Mondrian, zit. n. M. Bax, *Theosophie und Kunst in der Niederlanden 1880–1915*, in: Okkultismus und Avantgarde, l. c., S. 292

planeten« angehaucht gefühlt und den Georgeschen Vers nicht nur im *Zweiten Streichquartett* ergreifend vertont, sondern das Durchbrechen der Tonalität als Vorstoß in jene höhere Region verstanden, wo sich die Tonsprache überhaupt erst zur wahrhaft geistigen läutern und sich jener ätherische, innerliche Klang auftun soll, von dem der tonale bloß die Vorstufe erreicht. Auch der Gedanke des Resonanzbodens eines Jüngerkreises war Schönberg nicht fremd: »Unterschätzen Sie nicht die Größe des Kreises, der sich um mich bildet. Er wird wachsen durch die Wissbegierde einer idealistischen Jugend, die sich mehr durch das Geheimnisvolle angezogen fühlt als durch das Alltägliche.«[78]

Natürlich waren nicht *alle* Avantgardisten theosophisch inspiriert. Aber bestätigen die Ausnahmen nicht die Regel, welche man so formulieren könnte: Je radikaler, desto größer die spiritistische Affinität? Das heißt nicht automatisch, die Radikaleren seien auch die »besseren« Künstler gewesen, aber dass etwa Mondrian, George oder Schönberg gründlicher mit überkommenen Darstellungsweisen gebrochen haben als Picasso, Rilke oder Bartok, leidet keinen Zweifel. Und dass dort, wo der Bruch am heftigsten war, auch die Ambition, in eine weltgeschichtlich neue Dimension vorzustoßen, am größten gewesen sein dürfte, liegt auf der Hand.[79] Dies alles ändert nichts daran, dass die Avantgarde eine kritische Bewegung war. Ihr Misstrauen gegen herkömmliche naturalistische Figuren und Farben, gegen die gewohnte Grammatik und Syntax, gegen die vertrauten Klänge der Tonalität hatte durchaus prophetische Qualität. Noch ehe die industrielle Welt ins flagran-

---

[77] Cf. S. Breuer, *Ästhetischer Fundamentalismus*. Stefan George und der deutsche Antimodernismus, Darmstadt 1995

[78] A. Schönberg, *Diskussion im Berliner Rundfunk*, 1931 in: ders., Stil und Gedanke, Frankfurt am Main 1976, S. 281

[79] Man vergesse übrigens nicht, dass noch der Surrealismus die höhere Realität im Namen trägt und Bretons Bestseller *Nadja* von einer jungen Frau handelt, die den Autor nicht zuletzt wegen ihrer hellseherischen, medialen Fähigkeiten faszinierte.

te Stadium der Kulturindustrie trat, wurde hier bereits die Maschinerie vorausgefühlt, die die traditionelle Sinnen- und Gefühlswelt in Regie nehmen, nach bestimmten Schemata stanzen und bis zur Bedeutungslosigkeit inflationieren und entleeren würde. Aber die Kritik geschah in der festen Überzeugung, dass die Kunst für das, was sie verneint, all das Gewohnte, Eingeschliffene, Ausgelaugte, überreich entschädigt: durch Teilhabe an einer neuen Innerlichkeit, in der sich das Wesentliche selbst so unmittelbar mitteilt, so direkt Seele mit Seele zusammenschließt, wie es traditionelle Kunst nie vermocht hat. Hinter dem Nein zum Oberflächlichen, Gaukelhaften, Haltlosen steht ein großes Ja zu dem Beständigen, Ewigen, Geistigen dahinter – und der Glaube, die neue Kunst werde endlich einen Direktzugang zu diesem »Geist« eröffnen und machen, dass er durch alles Gaukelwerk, allen »Materialismus« hindurch als Schwingung, Erregung unmittelbar zu Herzen gehe.

Die neue Unmittelbarkeit, die hier zelebriert wird, ist freilich eine sehr vermittelte. Einerseits hat sie den Charakter eines ästhetischen Gottesbeweises, der in dem Bewusstsein geführt wird, dass der theologische Gottesbeweis nicht gelingen kann, weil die herkömmliche geistige Tätigkeit, das begriffliche Denken, zu abstrakt ist, um Gott überzeugend zu beweisen. Begriffe ergreifen zu wenig. Sie müssen, ganz wie es die christliche Inkarnationslehre gesagt hatte, »Fleisch« werden. Und die geistig gewordene Kunst, die, gemessen an den groben materiellen Maßstäben der traditionellen Kunst, unsinnlich, abstrakt ist, wähnt sich als das Medium jener geläuterten, »feinen« Sinnlichkeit, worin die Differenz von Geist und Materie verschwindet und das Geistige, Wahre, also das Göttliche sinnlich werden kann, ohne im geringsten aufzuhören, geistig zu sein. Erst auf dieser Stufe der Abstraktion, wo Bilder so »fein« geworden sind, dass sie nichts Identifizierbares mehr abbilden, oder, biblisch gesprochen, »kein Bildnis, weder dessen, was oben im Himmel, noch dessen, was unten auf Erden, noch dessen, was in den Wassern unter der Erde ist«,[80] mehr darstellen, sind sie der Ort, wo die Inkarnation des Geistigen stattfinden kann – Bilder, die aufgehört haben, Bilder zu sein, nicht einmal mehr Ikonen sind, sondern die Sache selbst: anwesender Geist. So eilen sie dem philosophisch-theologischen Gedanken zu Hilfe, um endlich jenes Geistige, Wahre, Göttliche zu zeigen, zu demonstrieren, sinnfällig zu machen, welches er immer bloß argumentierend intendieren konnte, weil er nie über seinen Schatten zu springen vermochte: den abstrakten Begriff.

Doch am Gebrechen des traditionellen theologischen Gottesbeweises – dass die aus dem Begriff Gottes deduzierte Realität Gottes unterm Strich doch wieder bloß eine begriffliche ist, und auch Äthervibrationen da nicht weiter helfen, weil sich an ihnen nicht mehr nachweisen lässt als ganz gemeine physikalische Schwingungen, also Materie, und der höhere Geist darin lediglich etwas Hinzugedachtes ist – krankt auch der ästhetische Gottesbeweis. In ihm soll sich das Geistige so unmittelbar aussprechen, dass man Bild-, Wort- und Tonkompositionen eigentlich nicht mehr sinnlich erlebt. Aber was faktisch wahrgenommen wird, sind Farben und Töne. Alles »Höhere« daran ist Semantik. Die radikalen Avantgardisten wissen das selbstverständlich, sonst würden sie nicht so akribisch an Farben und Tönen feilen. Aber sie tun es, damit Farben und Töne sich unmittelbar selbst zum Geist verklären – womit ihr hochartifizielles Tun zugleich etwas von primitiver Zauberei bekommt. Es steht ebenso in der Tradition des reflektierten theologischen Gottesbeweises wie in der der archaischen Geisterbeschwörung. Beide koinzidieren in Kandinskys Stilisierung der künstlerischen Arbeit zur wahren Séance. Das ist fraglos ein fundamentalistisches Verfahren, das »Geistige«, das hier den Weltfundus geben soll, ein trüber Äthergeist, herbeispekuliert mit Schlüssen, die aufs Zweifelhafteste bei der modernen Physik Trittbrett fahren und weit unter dem Niveau

---

[80] Ex 20, 4

der klassischen Gottesbeweise oder ihrer reflexiven Wendung im Deutschen Idealismus liegen.[81] Und doch sind sie eine Art Wurmfortsatz davon. Wie es daher den mittelalterlichen Zeitgenossen nicht geheuer war, als Anselm ihnen aus dem Begriff Gottes dessen Existenz herauszauberte, in einem dunklen Gespür dafür, dass solche Beweisführung das zu Beweisende unsicher statt sicher machen werde, so nahmen die modernen Zeitgenossen die Suggestion der Avantgarde, den »Geist« zu offenbaren und in seinem Reich eine neue Anteilnahme und

[81] Das macht übrigens die qualitative Differenz des avantgardistischen Okkultismus zu jener romantischen Kunstreligion aus, die bei Friedrich Schlegel und Novalis erste zarte Konturen gewann, als sie zu der Auffassung gelangten, dass der Abgrund zwischen Ich und Welt, Endlichem und Unendlichem sich nicht, wie Fichte meinte, durch begriffliche Reflexion, sondern nur durch Poesie überbrücken lasse. Wenn Schlegel formuliert: »Alle Philosophie ist Idealismus, und es giebt keinen wahren Realismus als den der Poesie« und Novalis hinzusetzt »Realism ist Asthenie – Gefühl – Idealism – Sthenie, Vision oder Fiction« (Novalis, *Randbemerkungen zu Friedrich Schlegels ›Ideen‹*, in: Novalis. Werke, Tagebücher und Briefe Friedrich von Hardenbergs, Bd. 2, hg. v. H.-J. Mähl, München 1978, S. 727), dann denken sich beide die Poesie als den sinnlich gewordenen Geist, der die Aporien des Fichteschen überwinden soll, wobei besonders Novalis diesen poetischen Geist sehr schwer nimmt: nicht nur als sinnlich-reflexives Dichterwort, sondern als Selbstoffenbarung des poetischen Wesens der Natur. Keine Frage, dass der Gedanke der Kunst als Weltfundus und -sinn sich hier vordrängt – aber innerhalb des unnachahmlichen Schwebezustands zwischen Philosophie, Religion und Kunst, worin das frühromantische Denken ohne Netz und doppelten Boden balancierte. Seine Zuflucht bei der Kunst kommt zwar bereits aus der Erfahrung der Unmöglichkeit, sich durch begriffliche Reflexion eines letzten fundierenden Grundes zu versichern, aber es hört nicht auf, Religion, Philosophie und Kunst reflexiv ineinander scheinen zu lassen, verflacht nie zur simplen Ersetzung von Religion und Philosophie durch Kunst und lässt das Kennzeichen des Fundamentalismus, das Sich-Versteifen auf ein wegbrechendes Fundament, ganz vermissen. Kunstreligion, sofern man die Frühromantiker überhaupt schon auf diesen Begriff vereidigen kann, beginnt vorfundamentalistisch. Selbst ob das Wagnersche Gesamtkunstwerk, das durchaus Kunstreligion genannt werden mag, deswegen schon ästhetischer Fundamentalismus ist, steht dahin. Seine theoretische Anknüpfung an die

Kommunikation von nie gekannter Unmittelbarkeit zu eröffnen, mit tiefem Befremden auf. Drang hier wirklich göttlicher Fundus durch die gaukelhafte Oberfläche der herkömmlichen »naturalistischen« Bild-, Wort- und Tonkompositionen, oder wurden diese Kompositionen einfach nur dekomponiert, Figürlichkeit, Tonalität, Satzbau lediglich zerbrochen, ohne dass hinter, unter oder über den Bruchstücken etwas Tieferes oder Höheres zum Vorschein kam? Leistete die Avantgarde die Letztbegründung der Kunst oder deren ultimatives Dementi, die Offenbarung eines göttlichen Geistes oder den Offenbarungseid seiner Nichtexistenz?

Solche Fragen ruft nicht erst das Ressentiment hervor. Sie stellen sich, sobald man die Avantgardekunst an ihrem eigenen Anspruch misst. Das neue, tiefere, unmittelbare Verständnis zwischen Künstler, Werk und Rezipient, um dessentwillen sie die traditionellen Ausdrucksformen verneinte, ist ausgeblieben.[82] Anfangs tröstete sie sich darüber wie die Christenheit über die ausbleibende Wiederkehr Christi. Die Zeit sei noch nicht reif, das Neue einfach zu umwerfend, um von der Menge

---

Philosophie Feuerbachs, seine Kritik der Einzelkünste, die reflexiv durchtriebene Mythologie seiner Dichtungen und seine avancierte Musik sind zumindest starke Gegenanzeigen. Wie nicht jeder theologische Dogmatismus automatisch schon Fundamentalismus ist, so auch nicht die sich im 19. Jahrhundert formierende Kunstreligion. Bei Stefan Breuer (*Ästhetischer Fundamentalismus*, l. c., S. 16 ff.) werden hingegen ästhetischer Fundamentalismus und Kunstreligion eins – und Wagner und Nietzsche bereits darunter gerechnet. Das schärft den Begriff des Fundamentalismus nicht.

[82] Adornos berühmte Bemerkung, Schönberg und Webern würden nicht wegen »Unverständlichkeit« abgelehnt, sondern weil »man sie nur allzu richtig versteht« (Th. W. Adorno, *Über den Fetischcharakter in der Musik und die Regression des Hörens*, in: ders., Dissonanzen, Ges. Schriften, Bd. 14, Frankfurt am Main 1973, S. 50), macht es sich eine Spur zu leicht. Ein Kind kann sehr wohl verstehen, dass seine Mutter mit ihm schimpft, ohne schon die Worte zu verstehen, die sie sagt. Und so ist auch umgehend verstanden worden, dass Schönbergs Musik mit der Tonalität schimpft. Aber hat man damit auch nur annähernd verstanden, was sie sagt?

schon erkannt zu werden. Doch ach, trotz Anfüllung aller Museen mit Avantgardewerken und ihrem Widerhall in allen Feuilletons – das erhoffte »feinere« geistige Dasein mit seiner unmittelbar von Herzen zu Herzen gehenden Kommunikation bahnt sich nirgends auch nur an. Vielmehr hat sich mit der Avantgarde eine tiefe Kluft zwischen Kunst und Massenrezeption geöffnet. Seither führt radikaler ästhetischer Ausdruck, selbst wenn er gelegentlich Höchstpreise auf dem Markt erzielt, eine diffuse subkulturelle Existenz. Das Verständnis ästhetischer Gebilde ist so schwer geworden wie nie zuvor. Die kulturelle Grammatik, die in der traditionellen Kunstsprache waltete, ist aufgelöst, die neue höhere Grammatik, die die Avantgardekunst verhieß, hat sich nie gebildet. Als fundierendes, letztbegründendes Unternehmen ist die Avantgarde kläglich gescheitert. Aber wie der Gottesbeweis in seinem Misslingen zugleich produktiv wirkte und neue geistige Kräfte entband, so löste die Avantgarde eine schubartige Entfesselung der Einbildungskraft aus. Sie wuchs über die traditionelle ästhetische Sprache und deren Grammatik hinaus. Sie wurde zu deren Selbstreflexion – hochempfindlich für alle Verhärtungen und Erstarrungen, die menschlicher Ausdruck zu erleiden droht, sobald seine Ausdrucksweisen sich verfestigen, verbrauchen, banalisieren – und damit zu einer Haltung, die die Avantgarde inzwischen lang überdauert hat, ja geradezu zum Beharrlichen im raschen Wechsel der ästhetischen Manifestationen avanciert ist. Je verschiedenartiger auch wird, was der gegenwärtige Kunstbetrieb hervorbringt, desto deutlicher kristallisiert sich der gemeinsame Nenner darin heraus: die Absicht, eingeschliffene, festgefahrene Perzeptionsweisen aufzubrechen. Das wollen alle, die in einem engeren oder weiteren Sinne »Kunst« machen. Darin sind sie allesamt Erben der Avantgarde, darin ist diese selbst eine Vergangenheit, die nicht vergeht – und zugleich davon bedroht, sich totzulaufen.

Das kritische Ferment der radikalen Avantgarde ist freilich von ihrem vermessenen Fundierungsanspruch untrennbar. Es war ihr ernst mit dem »Geist«, der in ihren Werken »Fleisch« werden sollte. Und doch nicht hundertprozentig ernst. Nicht von ungefähr schert ihre künstlerische Arbeit ja aus der rituellen Enge spiritistischer oder gottesdienstlicher Versammlungen aus. Sie behält zum angenommenen Fundament ein spielerisch-modellierendes Verhältnis und versteift sich nicht darauf wie theologische oder theosophische Glaubensbekenntnisse. Daher vermochte die ästhetische Wendung des Fundamentalismus noch einmal eine geistige Produktivität zu entfachen, die sich auf theologischem Gebiet nicht mehr einstellen will. Der ästhetische Fundamentalismus ist dem theologischen buchstäblich entronnen, wie einem Fluss ein Seitenarm entrinnt, mit der Pointe, dass im seichten ästhetischen Seitengewässer noch jene geistigen Gewächse vorkommen, die auf dem essigsauren Boden des theologischen Hauptstroms nicht mehr gedeihen. Es zeigt sich daran, wie wenig homogen der Fundamentalismus ist. Sobald es ihn gibt, beginnt er auch schon über die Ufer der institutionalisierten Religion zu treten. Wohin sich allerdings der ästhetische Seitenarm seinen Weg bahnt, ist ihm anfangs noch nicht anzusehen. Das stellt sich erst heraus, wenn zunächst einmal der Fluss des theologischen Hauptarms weiter verfolgt wird.

4. Weicher Fundamentalismus

If you can't beat them, join them. So lautet ein Motto aus dem amerikanischen Wirtschaftskampf. Die Konkurrenten, die man nicht schlagen kann, muss man sich zu Bündnispartnern machen. Eigentlich ist das schon ein uralter Grundsatz militärischer Strategie. Um so interessanter, wie instinktsicher ihn der christliche Fundamentalismus befolgt hat, ohne ihn je zu nennen – und sich durch ihn allmählich eine hochmoderne Beweglichkeit verschafft hat. Das Schema ist immer wieder gleich. Wenn sich herausstellt, dass man die Moderne nicht ablehnen, ihren manifesten Nihilismus nicht verbieten kann, dann muss man sich damit arrangieren. Wenn der Gedanke der Evolution unabweisbar und seine Verleugnung vollends unglaubwürdig wird, dann muss man ihn eben annehmen und sagen: Gott hat die Welt auf dem Wege der Evolution geschaffen.[83] Wenn kein Sträuben mehr dagegen hilft, dass die Bibel ein historisches Dokument ist, voller Widersprüche, von fehlbaren Menschen zu verschiedenen Zeiten unter ganz bestimmten historischen Bedingungen verfasst und keineswegs die lautere ewige, von Gott geoffenbarte Wahrheit, dann muss man eben selbst historisch-kritische Bibelforschung treiben und aus ihr ein Unternehmen zur Ausgrabung des lauteren Wortes Gottes aus zweifelhaftem historischen Boden machen.[84] Wenn eine atheistische Gesellschaftstheorie nachweist, dass Klassengegensätze, Über-

---

[83] Cf. P. Teilhard de Chardin, *Die Entstehung des Menschen*, l. c.
[84] Cf. R. Bultmann, *Die Geschichte der synoptischen Tradition*, 1921, Göttingen 1967

produktion, Krisen und Proletarierarmut die systemische Mitgift der kapitalistischen Gesellschaftsformation sind, dann muss man eine eigene Soziallehre entwickeln, die im Namen Gottes den »classes dirigeantes« ins Gewissen redet und Erleichterungen für die »proletarii« fordert.[85] Wenn ein marxistisch konzipiertes *Prinzip Hoffnung* die Herzen der Intellektuellen ergreift, dann drängt sich eine *Theologie der Hoffnung* auf, die versichert, dass dieses Prinzip immer schon in Gott gegründet ist.[86] Wenn ein wissenschaftstheoretischer Positivismusstreit aufkommt, ist eine Wissenschaftstheorie von Gott aus angezeigt,[87] wenn ein *linguistic turn* stattfindet, kommt Gott alsbald in Kategorien der Lokution, Illokution und Performanz daher.[88] Wenn Ökologie sich als überlebensnotwendig erweist, dann ist die Versicherung, dass Gott die Natur als intakten Kreislauf geschaffen und dem Menschen zu behutsamstem Gebrauch übergeben hat, nur eine Frage der Zeit.[89] Wenn die Frauenbewegung unabweisbar wird, entsteht schließlich auch eine feministische Theologie, die den Frauen in der Bibel nachspürt, ihre Unterdrückung in Geschichte und Gegenwart der Kirchen anprangert und gelegentlich *Die Weiblichkeit Gottes* einklagt oder sich *Jenseits von Gottvater, Sohn & Co.* positioniert.[90] Radio, Fernsehen, Internet – jedes neue Medium wird in Kürze auch zum Mundstück Gottes. Wenn Jazz und Rock die Jugend ergreifen, halten sie bald Einzug in die Kirchenräume, weil man Gott auch in *heavy metal* preisen kann. Motorradpfarrer fahren in den Gangs der schweren Maschinen mit, die man gemeinsam zum Lobe Gottes vor der Fahrt aufheulen lässt. Werbeexperten,

---

[85] Cf. Leo XIII., *Rerum novarum*, Enzyklika von 1891, zit. n. H. Jedin (Hg.), Handbuch der Kirchengeschichte, Bd. VI/2, Freiburg 1973, S. 24

[86] Cf. J. Moltmann, *Theologie der Hoffnung*, München 1964

[87] Cf. W. Pannenberg, *Wissenschaftstheorie und Theologie*, Frankfurt am Main 1973

[88] Cf. J. Hick, *Philosophy of Religion*, Englewood Cliffs 1963

[89] Cf. G. Altner, *Ökologische Theologie*, Stuttgart 1989

[90] Cf. Ch. Mulack, *Die Weiblichkeit Gottes*, Stuttgart 1983; M. Daly, *Jenseits von Gottvater, Sohn & Co.*, München 1978

die sonst für VW oder Siemens arbeiten, werden engagiert, damit dank ihrer Hilfe die »frohe Botschaft« gelegentlich auch einmal in Form einer zeitnahen Plakat- oder Fernsehkampagne verkündigt wird. Und besonders aufgeschlossenen Kirchenleitungen ist die Unternehmensberatung McKinsey willkommen, damit »die Gemeinde der Heiligen«, wie sie im *Credo* noch hieß, zeitgemäß geführt werden kann. *Join them.*

Aber was ist dabei? Hat das Christentum nicht immer schon zeitgenössische Gedanken und Bewegungen beerbt? Gewiss. Niemand fängt bei Null an. Das Wenigste, was gesagt, gemalt oder gebaut wird, ist rundum originell. Wo immer ein neuer Gedanke aufscheint, hat er Vorläufer. Auf das Wie kommt es an: ob man schon Gedachtes so wendet und zusammenfügt, dass es einen neuen Funken schlägt, oder ob man es bloß für sich vereinnahmt. Man kann das frühe Christentum durchaus als Zusammensetzung jüdischer, gnostischer, platonischer, stoischer Versatzstücke bezeichnen. Aber auf welch zündende Weise hat es Begriffe wie Messias, Menschensohn oder Logos umgewertet und zu etwas Neuem verschmolzen, indem es sie an einen armen Wanderprediger und -heiler aus Nazareth knüpfte! Wenn moderne Theologie auf zeitgenössische Bewegungen, Trends, Einstellungen einfach bloß eine unbewiesene Gottheit wie einen Stempel draufsetzt und damit für sich reklamiert, sozusagen als *God's own movement*, so ist das eher urheberrechtlich als gedanklich interessant, auch wenn auf einem ungleich höheren Diskussionsstand als das vergleichsweise naive Urchristentum.

»Die fortwährende Umwälzung der Produktion, die ununterbrochene Erschütterung aller gesellschaftlichen Zustände, die ewige Unsicherheit und Bewegung zeichnet die Bourgeoisepoche vor allen anderen aus. Alle festen eingerosteten Verhältnisse mit ihrem Gefolge von altehrwürdigen Vorstellungen und Anschauungen werden aufgelöst, alle neu gebildeten veralten, ehe sie verknöchern können. Alles Ständische und Stehende verdampft, alles Heilige wird entweiht, und die Menschen sind endlich gezwungen, ihre Lebensstellung, ihre gegenseitigen Beziehungen mit nüchternen Augen anzusehen.«[91] Besser als in diesen Sätzen ist die nihilistische Gewalt der Moderne nie formuliert worden. Das Erschrecken vor dieser Gewalt, das geistige Erstarren angesichts ihrer Übermacht ist nur ein anderes Wort für die Herausbildung des Fundamentalismus. Der freilich ist nicht geblieben, was er anfangs war, wurde er doch selbst in den Umwälzungsstrudel hineingezogen und vor die Wahl gestellt, entweder schwimmen zu lernen oder unterzugehen. Nur so hat er seine bewundernswerte Beweglichkeit erlangt. Andrerseits darf er nicht *zu* beweglich werden, sonst bleibt gar nichts. Kein Zufall, dass der theologische Diskurs, sofern er überhaupt noch das eigene Feld beackert und nicht irgendwo Trittbrett fährt, gar nicht mehr erst versucht, Stichhaltiges, Unzweifelhaftes unhintergehbar Wahres über »Gott« vorzubringen, sondern sich damit bescheidet, Unbewiesenes und Zweifelhaftes so zeitgemäß zu sagen, dass es trotz allem glaubwürdig klingt, »bejahbar« bleibt, wie das neutheologisch heißt. Der Diskurs dreht sich weniger um Wahrheit als um Beweglichkeit. Wie weit muss man sich auf die Standards der Moderne zubewegen, damit der Glaube nicht zur Mumie wird, wie weit kann man gehen, ohne dass er sich auflöst? Das ist die unausgesprochene Frage, die ihn lenkt. Kann man an der Dreieinigkeit Gottes, den zwei Naturen Christi, der Jungfräulichkeit Mariae, der Existenz des Teufels, der Hierarchie der Kirche, der Unfehlbarkeit des Papstes, der Männlichkeit des Klerus, dem Zölibat der Priester, der Göttlichkeit der Bibel rütteln, ohne das gesamte Glaubensfundament ins Wanken zu bringen? Oder *muss* man daran rütteln, damit einem die Klientel nicht wegläuft? Was gehört zur Verhandlungsmasse, was steht nicht zur Disposition? Wo das die Gretchenfrage ist, wird strategisch gedacht. Es waltet instrumentelle Vernunft. Sie ist längst in die Poren der »letzten Dinge« eingedrungen.

---

[91] K. Marx / F. Engels, *Manifest der Kommunistischen Partei*, Marx-Engels-Werke, Bd. 4, Berlin 1977, S. 465

Fundamentalistisch und modernistisch sind dabei sehr relative Begriffe. Gemessen an Erzbischof Lefebvre, der dem Zweiten Vatikanischen Konzil Ausverkauf der Kirche an die Moderne vorwarf und sich selbst die päpstliche Autorität der Bischofsweihe anmaßte, gehört Kardinal Ratzinger zur »verschmitzten Menschenklasse der Modernisten«. Gemessen an kirchlichen Dissidenten wie Boff, Küng oder Drewermann ist er ein Erzfundamentalist. Und die Dissidenten selbst? Auch sie haben ihre eiserne Ration an Gewissheiten über die Existenz Gottes, seine Einzahl oder Mehrzahl, sein Geschlecht, seine Anteilnahme am Weltgeschehen und seinen Endsieg am jüngsten Tage. Im Ernstfall versteifen sie sich nicht minder auf ihr *Credo* als das kirchliche Lehramt auf seines. *Fiat theologia, pereat fundus.*

Das Selbsterhaltungsinteresse, das im theologischen Diskurs die Erkenntnis reguliert, muss übrigens nicht im Gegensatz stehen zu großem sozialem Engagement. Die Seelsorge- und Sozialarbeit, die Pfarrer in Gemeinden, Krankenhäusern, Gefängnissen, Jugendzentren leisten, ist keineswegs immer darauf bedacht, die Leute wieder in die Kirche zu bekommen. Das interessiert die Oberen. An der Basis ist es oft darum zu tun, dem eigenen aufgeweichten Glauben, der sich bei jeder ernsteren Nachfrage windet, durch Taten Glaubwürdigkeit zu geben, auch vor sich selbst, und das schlechte Gewissen abzuarbeiten, das daraus erwächst, dass im *Credo* außer »gekreuzigt unter Pontius Pilatus« kein Satz steht, den ein moderner Mensch nicht in Zweifel ziehen müsste. Aus diesem schlechten Gewissen kommt manches Gute – wie übrigens auch aus einem archaischen Privileg, das das Christentum in die bürgerliche Gesellschaft hinübergerettet hat: dem Kirchenasyl. Das Heiligtum ist seit uralter Zeit der Ort, wo die Waffen gegen jeden – außer gegen das Opfer – zu schweigen haben, auch gegen den Verbrecher, der dort Zuflucht sucht, und zwar zunächst gar nicht aus Mitleid, sondern um das Heiligtum nicht zu entweihen, den Zorn der Gottheit nicht heraufzubeschwören. Couragierte Pfarrer haben nun Ausländern, die nach deutschem Asylrecht abgeschoben werden sollten, in ihrem Herkunftsland aber für Leib und Leben zu fürchten hatten, ihre Kirchen als Asyl eingeräumt und so einen der letzten rechtsfreien Räume, die das bürgerliche Recht noch ließ, gegen Schandmale dieses Rechts gewendet, und plötzlich wurde ein archaisches Relikt, das sich ein moderner Rechtsstaat eigentlich gar nicht leisten kann, zu einem Residuum der Humanität.

Das Christentum ist aus Not fundamentalistisch erstarrt, der Fundamentalismus aus Not weich geworden – aber gerade damit ein Paradebeispiel dafür, was *survival of the fittest* heißt. Er ist ein unfreiwilliger Musterschüler Darwins. Was der biologisch konstatiert hat, nämlich die Anpassung der Arten an ihre Umwelt als Überlebensbedingung, was der Sozialdarwinismus als Verhaltensnorm an menschliche Individuen gewendet hat, nämlich sich gefälligst an die Gesetze des Markts anzupassen, um zu überleben, das hat dank moderner Theologie eine bemerkenswerte geistige Entsprechung gefunden: die Flexibilisierung der Letztbegründung. Ein letzter Grund, der sich nach allen Seiten wie ein Gummi ziehen lässt, der überall nachgibt, wo man hinfasst, hat einen großen Vorteil; er ist hoch resistent gegen Zerstörung: *fit*. Allerdings gibt er wenig Sicherheit. Man hat an ihm etwas Haltbares, aber nichts Festes. Er gestattet, herrlich modern zu sein, sich allen Trends anzuschmiegen und so lange wie möglich jedem klaren Bekenntnis auszuweichen, aber er weckt auch Sehnsucht danach, sich wieder ohne Umschweife, Diskussion und Pardon auf etwas ganz Festes zu berufen. Und so ist weicher Fundamentalismus nicht nur der ins Undeutliche aufgeweichte harte; weicher und harter bringen sich auch wechselseitig immer wieder neu hervor – ganz ähnlich wie die »weiche« keynsianische Wirtschaftspolitik, die die Härten des Markts durch staatliche Eingriffe abzufedern versucht und sich dabei in Staatsverschuldung und Bürokratie verstrickt, nach neuer Marktliberalität rufen lässt, bis deren ökonomische Rücksichtslosigkeit so viele Härten produziert, dass mildernde Sozialleistungen und Arbeitsbeschaffungsprogramme zum einzig wirksamen sozialen Beruhigungsmittel werden. So oszilliert auch der Fundamentalismus zwischen beinhart und windelweich, wobei beide Seiten einander mehr und mehr durchdringen. Das kann bis zum Ineinanderfall der Gegensätze gehen, zum Beispiel bei den »elektronischen Kirchen«, jenen protestantischen Sekten, die, finanziert oder zumindest inspiriert aus den USA, nach Südamerika vordringen und womöglich den Fundamentalismus der Zukunft vorstellen. Sie haben den intellektuellen Ballast der Hochreligionen ebenso abgeworfen wie jegliche Berührungsangst vor modernen Massenmedien, hämmern oder flüstern vielmehr mit neuesten technischen und werbepsychologischen Mitteln ein primitives Idol ein, das gewöhnlich Jesus heißt, aber genauso gut Moon, Moloch oder Mana genannt werden könnte und hart bis zum Atavismus, weich bis zur völligen Inhaltslosigkeit ist.

Das Christentum hat eine besondere Begabung für moderne Weichheit. Das liegt daran, dass es mit den modernen Umständen tiefer als jede andere Religion verwachsen ist. Die Moderne ist aus ihm hervorgegangen: sein eigen Fleisch und Blut. Auch dort, wo sie ihm als nihilistischer Widersacher gegenübertritt, hört sie nie ganz auf, ihm verwandt und vertraut zu sein. Andrerseits liegt die Begabung zu dieser Weichheit in einem uralten Erbe: einem jüdischen. Das Christentum hat mit dem Judentum gemeinsam, dass seine Stärke gewendete Schwäche ist. Das Ferment des späteren Volkes Israel war ein kleiner Nomadenstamm, der den Ägyptern entwischte; sein wichtigster König ein kleiner Emporkömmling, der mit List und Intelligenz den Riesen Goliath überwältigte: David; seine größte historische Leistung, unter alle Völker zerstreut zu sein und dennoch nicht unterzugehen, vielmehr eine singuläre kultische, rituelle, habituelle, charakterliche Identität in der Zerstreutheit zu bewahren oder überhaupt erst auszubilden. Darin ist das Christentum ähnlich: Es verkündet die Wendung eines

Gekreuzigten in einen Auferstandenen und Weltenretter, und es ist die Wendung einer kleinen verfolgten Gruppe in eine Weltmacht. Die Erinnerung an seine Herkunft aus kleinsten sozialen und geistigen Verhältnissen, an seine anfängliche Schwäche, Verfolgung, Untergrundexistenz ist ihm nichts Ehrenrühriges. Sie dürfte dem Christentum geholfen haben, seinen Abstieg zu einer Subkultur, einem bloßen Trittbrettfahrer auf dem Zug der Moderne, den es einst selbst aufs Gleis gesetzt hat, einigermaßen zu ertragen – als sei es bloß ein Stück weit in jenen Zustand der Schwäche zurückversetzt worden, aus dem es ursprünglich seine Stärke gezogen hatte.

Diese Neigung zur Weichheit gegen die Gewalt der kapitalistischen Moderne hat der Islam nicht in gleicher Weise. So sehr er auf Judentum und Christentum fußt, so sehr an seinem Anfang ein Emporkömmling steht, der in Beherztheit, Charisma, Kriegsgeschick und Generosität David ähnelt – es gibt eine spezifische Differenz. David hat die Religion des alten Israel nicht gemacht, sondern ihr nur zu politischem Nachdruck und kultureller Blüte verholfen. Mohammed hingegen war Religionsstifter. Der Islam ist schon als Religion des Sieges – des mentalen wie militärischen – zur Welt gekommen. Eine ungeheure Gunst der Umstände, ein arabisches Machtvakuum am Rande der Einflusssphären von Byzanz und Persien, wo altarabische Beduinen, christliche und jüdische Kaufleute in den Austausch zwischen nomadischer Viehwirtschaft und städtischen Handelsplätzen verwickelt waren, bescherte einem Waisenknaben aus Mekka, der sich zunächst bei einer reichen Kaufmannswitwe als Kamelstreiber verdingte, ehe er sie heiratete und zu seiner bedingungslosen Anhängerin machte, einen kometenhaften Aufstieg. Seine Kenntnis jüdischer und christlicher Glaubensinhalte war sehr eklektisch, eben so, wie ein des Lesens und Schreibens selbst nicht oder nur mangelhaft kundiger, aber lernbegieriger und wacher Zeitgenosse sie aus seiner Umgebung aufschnappt und aufsaugt. Das Aufgeschnappte muss ihm ebenso hohen Respekt vor den beiden ehrwürdigen »Buchreligionen« eingeflößt haben wie tiefe Irritation darüber, dass beide, trotz eines großen Corpus gemeinsamer heiliger Schriften, gleichwohl nicht auf einen gemeinsamen Glaubensnenner kamen.[92] Wie aber, wenn in diesen Schriften etwas Gemeinsames steckte, etwas, was so umfassend, klar und einfach war, dass es nicht nur die »Buchreligionen« zu vereinen, sondern sie auch mit den arabischen Heiden, die noch ihren lokalen Stammesgöttern und -fetischen anhingen, zusammenzuführen vermochte?

Dies Gemeinsame drängte sich ihm in Visionen auf, von denen er sich ähnlich überfallen fühlte wie die alttestamentlichen Propheten. »Trage vor (rezitiere) im Namen deines Herrn, der erschuf, erschuf den Menschen aus geronnenem Blut. Trage vor (rezitiere), denn dein Herr ist allgütig, der die Feder (bzw. mit dem Schreibrohr) gelehrt, gelehrt den Menschen, was er nicht gewusst.«[93] Das sollen die Worte sein, mit denen Mohammed berufen wurde – durch eine Stimme, die ihn derart bedrängte, dass er zu sterben fürchtete und sich »einwickeln« ließ.[94] Seine Reizbarkeit für innere Stimmen und Bilder ließ ihn alsbald glauben, das, was er »vortrage«, seien Auszüge aus der »Mutter des Buches«[95]: aus dem himmlischen Urbuch, das in den heiligen Schriften der Juden und Christen aus »Neid«[96] verzerrte irdische Gestalt angenommen habe, aus dem ihm aber durch Allahs unmittelbare Offenbarung das Wesentliche unverfälscht zuteil geworden sei: ein kahler Monotheismus ohne jede trinitarischen Finessen, gedanklich

---

[92] Zum folgenden cf. R. Paret, *Mohammed und der Koran*, Stuttgart ⁵1980; G. Mensching, *Die Weltreligionen*, Darmstadt o. J.; E. Werner / K. Rudolph, *Einleitung*, in: Der Koran, übers. v. M. Henning, Leipzig 1974 (nach dieser Ausgabe die Koran-Zitate).

[93] Sure 96, 1–5

[94] Cf. G. Mensching, *Die Weltreligionen*, l. c., S. 249. Dem entspricht Sure 74, 1: »Du, der du dich in deinen Dithar (ein weites Obergewand) eingewickelt hast«.

[95] Sure 13,39; 43, 3

[96] Sure 3, 20

wie moralisch streng, aber schlicht reduziert auf das Bekenntnis zum einen Gott und ein paar wohldosierte, befolgbare rituelle und soziale Regeln des Gebets, Fastens und der Unterstützung der Armen. Dieser Monotheismusextrakt, ein bemerkenswerter Ineinanderfall von ganz Konkretem und Abstraktem, sollte so nahe an den arabischen Stammeskulten sein, dass sie sich auf sein Niveau erheben, und so nahe an den Buchreligionen, dass sie darin ihr Eigentliches erkennen konnten. In diesem Monotheismus versuchte Mohammed die Stammes- und Familienfehden seiner Landsleute in Mekka zu schlichten und die Stadt zu einigen, scheiterte aber mit diesem Vorhaben und zog aus nach Medina. Dort fand er die gewünschte Resonanz bei den Arabern, nicht aber bei Juden und Christen, gegen die sich seine Einstellung dadurch zunehmend verhärtete. Sich beim Gebet gen Jerusalem zu neigen, kam nun nicht mehr in Frage. Mekka wurde zur Gebetsrichtung. Gleichwohl wusste er, dank seiner Neigung zu ekstatischen Zuständen, seiner Lehre derart charismatischen Nachdruck zu verleihen, dass er die Oberhoheit in Medina gewann und durch großes militärisches und politisches Geschick nicht nur die Angriffe der Mekkaner abwehren, sondern umgekehrt als Sieger in Mekka einziehen und die Stadt nach seiner neuen Lehre einrichten konnte.

Die wurde nun systematisiert und auf fünf einfache, aber haltbare »Säulen« gegründet: 1. das Bekenntnis, dass Gott einer ist und Mohammed sein letztgültiger Prophet, 2. das fünfmal täglich zu vollziehende rituelle Gebet (*salat*), 3. das Fasten (*siyam*) im Monat Ramadan von der Morgendämmerung bis zum Sonnenuntergang, 4. Almosen bzw. Armensteuer (*zakat*) 5. Wallfahrt nach Mekka (*hadj*). Die Wallfahrt ist durch Mohammed doppelbödig geworden. Einerseits bedient sie das uralte Bedürfnis nach Verehrung eines Regionalheiligtums, wie es arabische Stämme hegten, und die Kaaba, einer der gewaltigsten Meteore weit und breit, war dafür die konkurrenzlose Anlaufstelle. In allen Kulturen sind Meteore als von himmlischer Hand auf die Erde geschleuderte göttliche Wahrzeichen verstanden worden – geradezu Magneten heiliger Schauder und mythologischer Phantasie. Andrerseits wird daraus nun zugleich eine Erinnerungsfeier an Mohammeds Sieg über Mekka, der friedlich-rituelle Nachvollzug des *Djihad*, des heiligen Krieges, gegen die renitent ungläubigen Mekkaner.

Die Durchsetzung der neuen Lehre und der politisch-militärische Sieg sind von Anfang an untrennbar. Mohammed ist gleichermaßen Prophet wie politischer Führer. »Mein Reich ist nicht von dieser Welt«: Dieser Satz, den das Johannesevangelium Jesus in den Mund legt,[97] hat im Islam keinen Ort. Mohammed war ebenso darauf bedacht, dass seine Visionen niedergeschrieben wurden und den Status einer letztgültigen heiligen Schrift, des Koran, bekamen, wie auf die politische Kontinuität seines Lebenswerks. »Kalif« heißt Nachfolger. »Kalifat« ist das Wort für die geregelte politische Nachfolge des Propheten – abzüglich seiner Prophetengabe allerdings. Ob die auf Erden eine gleichrangige Fortsetzung finden könne, war alsbald der erste große Richtungsstreit im Islam. Die Mehrheitsfraktion der »Sunniten« sagte nein. Die »Schiiten«, die sich bereits im 7. Jahrhundert davon abspalteten, entwickelten hingegen die Vorstellung vom Imam, einer religiösen Führerfigur, in der sich auch Mohammeds Propheteningenium verkörpern könne. Der Streit ist bis heute ungeschlichtet, tastet aber das gemeinsame Selbstverständnis des Islams als Siegerreligion nicht an.

Blaise Pascal sagte: »Mohammed hat eine Herrschaft begründet, indem er mordete, Christus, indem er sich morden ließ.«[98] Auch wenn sehr fraglich ist, wie viel die christliche Kirche mit den Intentionen des historischen Jesus zu tun hat, ob sie sein »Reich« genannt zu werden verdient – in einer Hinsicht trifft diese Formulierung den Nerv. Das Christentum hat seine

---

[97] Joh 18, 36
[98] B. Pascal, *Pensées* II, Art. 13, zit. n. G. Mensching, Toleranz und Wahrheit in der Religion, München und Hamburg 1966, S. 37 f.

Kräfte aus der Niederlage geschöpft, der Islam aus dem Sieg. Das berechtigt keineswegs zu dem simplen Schluss, das Christentum sei die friedliche, der Islam die kriegerische Religion. Wo immer das Christentum durch die Gunst der historischen Umstände in die Rolle des Siegers geriet, zeigte es eine signifikante Neigung, sich für die Niedrigkeit und Armseligkeit seiner Anfänge zu entschädigen: es den Juden heimzuzahlen, dass sie Christus zur Kreuzigung auslieferten; den Heiden, dass sie die Christen verfolgten; den Ketzern, dass sie von der Wahrheit abfielen. *Cogite intrare* (»nötige sie, einzutreten«), lautet Augustins berühmte Formulierung gegen die Donatisten, eine abweichende christliche Richtung, die ihr eigensinniges Sakramentsverständnis durch gutes Zureden nicht auf die orthodoxe Hauptlinie bringen lassen wollte.[99] Kaum dass das Christentum zur Staatsreligion avanciert war, wird auch schon die Aufforderung zur Zwangsbekehrung der Ungläubigen ausgesprochen – um ihres Seelenheils willen, versteht sich. Derartige zudringliche Fürsorge ist dem Islam eher fremd geblieben. Schon Mohammed muss bei seinem Sieg über Mekka ungewöhnlich generös mit seinen Feinden umgegangen sein. Der Koran spricht sich an einigen Stellen deutlich gegen Zwangsbekehrungen aus. »Es sei kein Zwang im Glauben.«[100] »Und wenn dein Herr [Allah] gewollt hätte, so würden alle auf der Erde insgesamt gläubig werden. Willst du etwa die Leute zwingen, gläubig zu werden? Und keine Seele kann gläubig werden ohne Allahs Erlaubnis.«[101] Allerdings gilt diese Zurückhaltung vornehmlich gegenüber den Buchreligionen. »Und streitet nicht mit dem Volk der Schrift, es sei denn in bester Weise […] und sprechet: Wir glauben an das, was zu uns herabgesandt ward und herabgesandt ward zu euch; und unser Gott und euer Gott ist ein einiger Gott, und ihm sind wir ergeben.«[102] Solange die

---

[99] G. Wehr, *Aurelius Augustinus*. Größe und Tragik des umstrittenen Kirchenvaters, Gütersloh 1979, S. 60 f.
[100] Sure 2, 257
[101] Sure 10, 99 f.

unterworfenen Juden und Christen ihren Tribut entrichten, also auf ihre Weise am »Almosen« teilnehmen und sich gegen den Islam ruhig verhalten, werden sie zumeist geduldet. Die Ungläubigen nicht bloß unterwerfen, sondern ihnen jeden Eigensinn nehmen, ihre Ungläubigkeit bis in die letzten Winkel ihrer Seele aufzuspüren und auszuräuchern: dieses Reinigungs- und Seelenrettungsprogramm, das den Namen Inquisition trägt, ist eine Erfindung des Christentums. Der Islam ist gleichsam äußerlicher geblieben: eine aggressive, stolze Siegerreligion, aber im Sieg nicht so maßlos zudringlich und ressentimentgeladen: vergleichsweise generös.

Gerät dieser Stolz jedoch in die Rolle des Unterlegenen, ist er einer besonderen Belastungsprobe ausgesetzt. Im 17. Jahrhundert standen die Türken noch vor Wien. Dann wendete sich das Blatt. Von den Ländern des Christentums ging eine weltweite Expansion aus. Sie drängte den Islam nach Nordafrika und in den vorderen Orient zurück und unterwarf seine Stammgebiete allmählich den Standards der sich entfaltenden kapitalistischen Gesellschaft. Während innerhalb der christlichen Kernländer selbst die Ausbreitung dieser modernen Gesellschaftsformation als antichristliche, nihilistische Untergrabungsbewegung empfunden wurde, wurde sie in den Ländern des Islam zunächst als Vordringen des Christentums erlebt. Die Moderne brach in die vormoderne Welt des Islam von außen ein, überkam die arabischen Länder mit einer Fremdheit, die sie in Westeuropa, wo sie gleichsam hausgemacht entstanden war, nie gehabt hatte. Zudem brach sie in Gestalt des schärfsten religiösen Konkurrenten ein: durch Leute, die zumindest nominell Christen waren. Dieser Einbruch traf den Islam am Punkt seiner größten Kränkbarkeit. Er war einer doppelten Demütigung ausgesetzt, wo dem Christentum nur eine einfache widerfuhr, und er war als traditionelle Siegerreligion für das Verarbeiten dieser Kränkung nervlich viel

[102] Sure 29, 45

weniger gerüstet als das Christentum oder Judentum. Zugespitzt könnte man sagen: Der Islam ist konstitutionell der Niederlage ebenso wenig gewachsen wie das Christentum dem Sieg. Dass der Islam die Religion ist, aus der gegenwärtig die aggressivsten Reaktionen auf die Moderne kommen, hat nicht nur mit der aggressiven Gewalt zu tun, mit der diese Moderne in die vormoderne Welt eingedrungen ist, sondern auch mit der sozialen, mentalen und nervlichen Disposition, die ein jahrhundertelanger politisch-religiöser Traditionsprozess dort geformt hat. Der Islam ist nicht der Islamismus, aber der Islamismus, das unsouveräne fanatische Sich-Versteifen auf Koran und *Scharia*, das sich zur islamischen Lehre ähnlich verhält wie das Unfehlbarkeitsdogma zur christlichen, ist aus den unverarbeiteten Verwundungen des Islam hervorgegangen. Es ist nicht *der* Islam, aber es ist verhärteter Islam.

Es lässt sich nun einmal schlecht leugnen, dass die Siegerreligion Islam eben essentiell eine Eroberreligion ist. *Djihad* heißt wörtlich »angestrengtes Mühen«. Gleichwohl ist »heiliger Krieg« keine ganz sachfremde Übersetzung, denn Mohammeds »Mühe« galt zunächst und vorrangig dem Kampf gegen die Ungläubigen, und gab dafür Parolen wie diese aus: »Ziehet aus, leicht und schwer, und eifert mit Gut und Blut in Allahs Weg.« »Sind aber die heiligen Monate verflossen, so erschlaget die Götzendiener, wo ihr sie findet, und packet sie und belagert sie und lauert ihnen in jedem Hinterhalt auf.«[103] Allerdings vergesse man die Dimensionen dabei nicht. Der *Djihad* begann als arabische Lokalangelegenheit: Der nach Medina vertriebene Mohammed kehrt siegreich nach Mekka zurück und unterwirft seine Vaterstadt, die ihn ungläubig abgelehnt hatte, seiner neuen Lehre. Freilich war der Sieg in Mekka noch nicht der Sieg Mekkas über die Welt. Er war nur das Modell der islamischen Welteroberung. Von nun an war die gesamte Welt der Ungläubigen das Objekt »angestrengten Mühens«, und auch

[103] Sure 9, 41 u. 5

hier war der Sieg der neuen Lehre ungetrennt vom politischen und militärischen Sieg. Die Schnelligkeit, mit der der Islam sich über die arabische Welt hinaus ausdehnt, ist ungeheuer. Sechs Jahre nach Mohammeds Tod hat er Jerusalem erobert, genau ein Jahrhundert nach seinem Tod steht sein Heer in Südfrankreich. Gleichwohl hat erst die moderne Globalisierung den *Djihad* zu dem gemacht, was wir gegenwärtig erleben: einem weltweiten fanatisch-zerstörerischen Zurückschlagen gegen die Kräfte der Moderne, die den Islam tiefer verletzt haben als das Christen- und Judentum.

Unerachtet dessen ist auch der Islam von der Nötigung zur Anpassung an die moderne Welt nicht unberührt geblieben. Mit gewisser zeitlicher Versetzung wurde auch er den Fragen ausgesetzt, die dem Christentum spätestens im 19. Jahrhundert auf den Nerv gingen. Wie reimt sich die heilige Schrift mit moderner Rationalität und Wissenschaft, mit den Erfordernissen des kapitalistischen Arbeitsmarkts, der religiösen und politischen Selbstbestimmung, den Rechten der Frau, der Ausbeutung der Natur? Und bei jedem dieser Punkte hat der Anpassungsprozess den Islam mehr Überwindung gekostet als das Christentum. So gab es zwar in Indien, wo die britische Kolonialherrschaft die Bekanntschaft mit der europäischen Moderne besonders intensiv gemacht hatte, schon in der zweiten Hälfte des 19. Jahrhunderts Intellektuelle, die das *if you can't beat them, join them* auf islamische Weise zu beherzigen begannen und versuchten, jeden grundsätzlichen Widerspruch zwischen Koran und Moderne zu leugnen und Zinsverbot, Sklaverei, Vielweiberei, *Djihad* bis zur Unkenntlichkeit aufzuweichen.[104] Dennoch hat der Entschluss, den Koran als historischen, von einem fehlbaren Menschen gedachten und diktierten Text zu nehmen, bis heute mit den größten psychischen, theologischen und politischen Widerständen zu kämpfen, weil

---

[104] Vornehmlich Ahmad Khan, Jamal ad-Din al-Afghani und Muhammad Abduh sind hier zu nennen; cf. W. Ende / U. Steinbach (Hg.), *Der Islam in der Gegenwart*, München 1984, S. 112 ff.

die Schrift, die als der geronnene Originalton des Propheten gilt und authentisch auch nur in *Arabiyya*, der Koransprache, rezitiert werden kann, im Laufe des Überlieferungsprozesses einen Grad an Heiligkeit gewonnen hat, wie ihn die Bibel nie erreichte.

Noch vor einem Jahrzehnt brach ein Sturm der Entrüstung mit Morddrohungen und Anschlägen aus, als der ägyptische Gelehrte Abu Zaid begann, den Text des Koran mit literaturwissenschaftlichen und linguistischen Methoden zu interpretieren.[105] Historisch-kritische Erforschung der heiligen Schriften, an Fakultäten christlicher Theologie, wie halbherzig auch immer, zum Standardprogramm der Ausbildung gehörig, hat an islamischen Ausbildungsstätten eher den Rang individueller Kühnheit. Erst recht feministische Theologie. Frauen sind schon angefeindet, wenn sie selbständig Koran und Tradition auslegen wollen. Vertreten sie dabei gar die Auffassung, dass die Unterdrückung der Frauen durch den Wortlaut des Koran gar nicht gedeckt sei und vor allem davon herrühre, »dass die Quellen der islamischen Tradition bisher nur von muslimischen Männern interpretiert wurden«,[106] dann leben sie gefährlich. Patriarchatskritik, die im Kulturkreis der Hausmänner und alleinerziehenden Väter fast schon zum guten Ton gehört, ist in islamischen Ländern immer noch eine Mutprobe.

Der moderne Fundamentalismus ist »christozentrisch«. Seine Grundstrukturen und Entwicklungslinien werden nur vom Christentum aus ganz verständlich. Es ist sein Archetypus. Es war unter den Hochreligionen das erste Opfer der Moderne. Aber es war insofern auch Täter, als die Expansion

---

[105] N. Kermani, »*Kein Zweifel, er ist ein Ungläubiger*«. Der lebensbedrohliche Kampf des ägyptischen Literaturwissenschaftlers Nasr Hamed Abu Zaid gegen den islamischen Fundamentalismus, in: Frankfurter Rundschau, 4.9.1993, S. ZB 3

[106] R. Hassan, *Feministische Interpretationen des Islams*, in: C. Schöning-Kalender u. a., (Hg.), Feminismus, Islam, Nation, Frankfurt am Main 1997, S. 217

der Moderne von christlichen Ländern aus über den Globus gekommen ist und damit die andern Hochreligionen genötigt hat, ihren eigenen Weg in diese moderne, nihilistische Welt in den Fußstapfen des Christentums anzutreten. Auch in diesem Sinne geht von ihm ein *cogite entrare* aus. Wohl oder übel, bei allen Kurven und Umwegen, die die einzelnen Religionen dank ihrer kulturellen Besonderheiten auch gehen mögen, bleibt schließlich keiner von ihr etwas anderes übrig, als sich gegenüber den übermächtigen Kräften der Moderne so zu verhalten, wie es das Christentum vorexerziert hat: *If you can't beat them, join them.*

5. Zionismus

Es gibt freilich ein Phänomen, für das der Verständnisschlüssel des Christentums nicht ausreicht: den Zionismus. Seine Entstehung fällt genau in die Zeit der Formierung des Fundamentalismus. Auf den ersten Blick scheint es sich um etwas geradezu Antifundamentalistisches zu handeln: ein Produkt der europäischen Säkularisierung. Die französische Revolution hatte auch für die europäischen Juden eine enorme Zäsur gesetzt. Die Forderung der Freiheit und Gleichheit aller Bürger galt auch für sie. Wo immer diese Forderung sich durchsetzte – und sie ging allmählich in die bürgerliche Gesetzgebung der meisten europäischen Staaten ein, selbst Russland blieb nicht unberührt von ihr – brachte sie auch die rechtliche Gleichstellung der Juden mit sich. Kein Gesetz sollte ihrer vollen Teilnahme am politischen, gesellschaftlichen, kulturellen Leben mehr im Wege stehen. Endlich winkte ihnen die Möglichkeit, vollwertige Bürger ihres Staates, vollwertige Franzosen, Italiener, Deutsche etc. zu werden. Auch ihre Religion war vor dem bürgerlichen Gesetz der christlichen formal gleich. Der jahrhundertelange Druck der christlichen Umgebung auf das gesamte jüdische Leben begann in nie gekannter Weise zu weichen. Und was geschah? »Die Autorität des Gesetzes ließ nach, die Sabbatheiligung wurde durch die Arbeitsruhe nicht mehr eingehalten und die rituellen Speisevorschriften mehr und mehr vernachlässigt. In Kleidung und Sprache passten sich die Juden der christlichen Umwelt an. Sogar die Liturgie wurde an die des Protestantismus angeglichen, das Hebräische als Kultsprache eingeschränkt und überhaupt alle Spuren des Nationalbewusstseins aus den jüdischen Festen und Riten getilgt, die an die nationale Größe in der Vergangenheit hätten erinnern können.«[107]

Die Emanzipation als Staatsbürger war für die Juden wie ein Erdrutsch. Das Ensemble von Schriften, Riten, Gebräuchen und Erfahrungen, das die unter alle Völker Zerstreuten fast zwei Jahrtausende lang, über alle Landes-, Sprach-, Standes- und Milieugrenzen hinweg, zusammengehalten, ja ihre Identität ausgemacht hatte, jene besondere, erzwungene Diaspora-Identität: nun ausgerechnet drohte es sich aufzulösen – und zwar nicht etwa durch Pogrome, sondern durch Gratifikationen. Die rechtliche Gleichstellung hatte etwas Diabolisches. Sie öffnete den Juden die Tür zur vollen Assimilation. Werdet Bürger wie wir, bedeutete sie ihnen. Viele Juden waren zur Assimilation bereit. Aber nicht die Gesellschaft, die sie dazu einlud. Sie machten nun eine ähnliche Erfahrung wie in Kafkas *Prozess* der »Mann vom Lande« mit dem Türhüter am Eingang zum Gesetz. Der Türhüter hält den Eingang eigens für diesen Mann offen, aber er lässt ihn nicht hinein und macht ihn schließlich dafür verantwortlich, nicht eingetreten zu sein.[108] So auch hier. Erst wo das Gesetz den Juden tatsächlich vollen Bürgerstatus gewährt, wird deutlich, wie weit rechtliche und menschliche Gleichberechtigung auseinanderklaffen, und erahnbar, wie tief die jahrhundertelang kultivierte Abneigung gegen die Juden sitzt. Sie sollen eintreten, aber sie sind nicht willkommen. Der Zugang zu herkömmlichen Zünften, Innungen, Vereinen, Salons, Korporationen bleibt ihnen weitgehend verwehrt. Die Einheirat in christliche Familien ist ohne Taufe so gut wie unmöglich, die Taufe aber in der bürgerlichen Gesellschaft nur noch, wie Heine so schön sagt, das »Entrée-

---

[107] J. H. Schoeps, *Zionismus oder der Kampf um die nationale Wiedergeburt*, in: ders., (Hg.), Zionismus. Texte zu seiner Entwicklung, Wiebaden 1983, S. 9

[108] Cf. F. Kafka, *Der Proceß*, Frankfurt am Main 1990, S. 292 ff.

billet zur europäischen Kultur«, nicht mehr, wie früher, der elementare, von Grund auf reinigende Eingliederungsakt in eine geschlossene christliche Gesellschaft. Daher wäscht sie den Makel der jüdischen Herkunft auch nicht mehr spurenfrei ab.

Das immerhin war, als die Juden noch mit theologischen Argumenten verfolgt wurden, anders. Weil sie Christus hatten kreuzigen lassen und sich seither konstant gegen ihn verhärteten, schienen sie zwar schlimmer als die Heiden; das erwählte Volk hätte es besser wissen müssen. Aber wenn dann doch einer von ihnen ehrlichen Herzens konvertierte und sich taufen ließ, war das vergeben. Auch ein Beschnittener konnte vollwertiger Christ werden. Nun aber sinkt die theologische Argumentation zu einer biologischen ab. Die religiöse Beharrlichkeit der Juden gegen das Christentum wird nur noch als Symptom für eine tiefer liegende, physiologisch bedingte Verstocktheit genommen, als seien die Juden von Natur aus »der Geist, der stets verneint«: ein in jeder Hinsicht bodenloses Volk, ohne eigenes Land, eigene Verfassung, eigenen Halt. Sie zehren von Wirtsvölkern, deren Religion sie nicht annehmen, deren Kultur sie unterwandern; kurzum, sie geraten ins Fadenkreuz der Rassenlehre.

Bei ihrem Begründer, dem Grafen Gobineau, war sie noch gar nicht spezifisch antisemitisch. Zu jener höheren weißen Rasse, die er durch die gelbe und die schwarze bedroht sah, gehörten auch die Juden. Erst bei seinem Schüler Lapouge verschieben sich die Koordinaten so, dass der Jude zum Antipoden des höheren, arischen Menschen wird, und erst dank dieser Verschiebung erlebte die Rassenlehre ihre trübe europäische Sumpfblüte.[109] Die Juden werden zu ihrem Fluchtpunkt, ja ihrem Konstruktionsprinzip. Von ihnen aus soll erhellen, wie bedroht die europäische Kultur ist. Sie sollen es sein, die, zerstreut in alle Welt, durch ihre schmarotzende, zersetzende Umtriebigkeit das traditionale Gefüge von Ständen, Völkern

---

[109] Cf. G. L. Mosse, *Rassismus*. Ein Krankheitssymptom in der europäischen Geschichte des 19. und 20. Jahrhunderts, Königstein 1978, S. 52 ff.

und Rassen untergraben. »Alles Ständische und Stehende verdampft, alles Heilige wird entweiht«: das ist *ihr* Tun. Die nihilistischen Kräfte der Moderne sind ihre Kräfte. Kaum haben sie das Ghetto verlassen und rechtliche Gleichstellung erlangt, schon greifen sie nach der Macht.

Nun konnte es im 19. Jahrhundert aus jüdischer Perspektive tatsächlich so scheinen, als würde sich mit der Durchsetzung der modernen kapitalistischen Gesellschaft einmal mehr das Psalmwort vom verworfenen Stein bewahrheiten, der zum Eckstein wird. Das marginale, stigmatisierte Händler- und Wuchererdasein, in das die vormoderne christliche Gesellschaft viele Juden gedrängt hatte, erwies sich unversehens als gute Ausgangsbasis, um im Zeitalter der industriellen Revolution zu reüssieren. Zweifellos hat der große Erfolg von Juden in Bank- und Börsenwesen, Industrie und Presse ebenso mit ihrer Geübtheit im Schacher und im Umgang mit Schrift zu tun wie mit ihrer Fähigkeit, Demütigungen einzustecken und dennoch nicht aufzugeben. Sie wurden ein Eckstein des sich formierenden Kapitalismus, aber dieser Eckstein wurde zur Zielscheibe. Mit der Entfesselung allseitiger kapitalistischer Konkurrenz – der Arbeiter um Stellen, der Fabrikanten um Käufer, der Banken um Kunden, der Presse um Leser – war eine neue Verunsicherung von nie gekannter Abstraktheit in die Welt getreten. Die Konkurrenz war wie ein Gespenst, lauerte überall, schlief nie und verbreitete stets Unruhe, aber als solche, als strukturelles Prinzip, ließ sie sich nicht greifen. Um so größer das Bedürfnis, sie in einer Gestalt zu fassen zu bekommen, in der sie sich bearbeiten ließ. Und wer schien sie mehr zu verkörpern als die von kleinen umhergeschubsten Schacherern zu Großbankiers Aufgestiegenen?

Die Juden waren natürlich nicht der exklusive Eckstein der neuen Gesellschaftsformation, aber überproportional erfolgreich in ihr. Als Parvenüs und Karrieristen demonstrierten sie nun, was sie früher in geduldigem Ertragen des Ghettos bewiesen hatten: ihre singuläre Begabung, Schwäche in Stärke zu verwandeln. Einmal mehr verzieh man ihnen das nicht. So wurde der Typus des Juden gleichsam zum transzendentalen Konkurrenten. Alle Gewalt, Verunsicherung, Verschuldung, Verarmung, die der kapitalistische Konkurrenzkampf mit sich bringt, schien in ihm Namen, Adresse und konkrete Gestalt zu gewinnen. In ihm konnte man alle Zumutungen des Kapitalismus, unter denen man selbst litt, hassen, ohne die neue Wirtschaftsweise kritisch begreifen zu müssen. Der transzendentale Konkurrent ist derjenige, der »sich breit macht«, das negative Prinzip, das alles Angestammte und Eigene untergräbt: den eigenen Wohlstand und Lebensunterhalt ebenso wie die eigene Nation, Tradition und Kultur. In Worten Treitschkes: »Die Juden sind unser Unglück.«

Die bürgerlich-kapitalistische Gesellschaft kam den europäischen Juden entgegen wie keine zuvor. Aber gerade dadurch braute sie ihnen ein Unglück unerhörten Ausmaßes zusammen. Die Leiden im Ghetto hatten sie zu ertragen gelernt. Von der neuen Gesellschaft aber wurden sie ebenso mächtig angezogen wie abgestoßen und damit unter eine Spannung gesetzt, die ihnen in gewisser Hinsicht mehr zu schaffen machte als alle Erniedrigungen und Entbehrungen zuvor. Einer, in dem sich diese Spannung so gesteigert hatte, dass sie sich schließlich in einem kühnen und folgenreichen Plan entlud, war Theodor Herzl, der Begründer des Zionismus. Der ehrgeizige Sohn eines von Budapest nach Wien wechselnden Geschäftsmannes studierte auf Wunsch seiner Eltern Jura, suchte aber als Theater- und Feuilletonautor sowie in einer alldeutsch gesinnten Studentenverbindung Anerkennung. Es schwebte ihm eine große Literatenkarriere durch perfekte Assimilation vor. Erst als die schlagende Verbindung ihn, den Juden, zur *persona non grata* erklärte, besann er sich auf sein Judentum, und unter dem Eindruck der Dreyfus-Affäre reifte in ihm der Plan zur Gründung eines Judenstaats, »in dem es keine Schande ist, Jude zu sein«.[110] Wo dieser Staat liegen soll? »Zwei Gebiete kommen in Betracht: Palästina und Argentinien. [...] Argentinien ist eines der natürlich reichsten Länder der Erde, von riesigem Flächeninhalt, mit schwacher Bevölkerung und gemässigtem Klima. Die argentinische Republik hätte das grösste Interesse daran, uns ein Stück Territorium abzutreten. [...] Palästina ist unsere unvergessliche historische Heimat. Dieser Name allein wäre ein gewaltig ergreifender Sammelruf für unser Volk. Wenn Seine Majestät der Sultan uns Palästina gäbe, könnten wir uns dafür anheischig machen, die Finanzen der Türkei gänzlich zu regeln. Für Europa würden wir dort ein Stück des Walles gegen Asien bilden, wir würden den Vorpostendienst der Cultur gegen die Barbarei besorgen. Wir würden als neutraler Staat im Zusammenhange bleiben mit ganz Europa, das unsere Existenz garantiren müsste. Für die heiligen Stätten der Christenheit liesse sich eine völkerrechtliche Form der Exterritorialisirung finden. Wir würden die Ehrenwache um die heiligen Stätten bilden, und mit unserer Existenz für die Erfüllung dieser Pflicht haften. Diese Ehrenwache wäre das grosse Symbol für die Lösung der Judenfrage nach achtzehn für uns qualvollen Jahrhunderten.«[111]

Persönlich mag Herzl die Option Argentinien genauso ernst gemeint haben wie Palästina. Er zeigte sich sogar einverstanden, als später noch Uganda ins Gespräch kam. Denn es sollte auf jeden Fall ein säkularer Staat gegründet werden, wo »Heer und Clerus [...] so hoch geehrt werden, wie es ihre schönen Functionen verdienen«, sie aber in »den Staat, der sie auszeichnet«, »nichts dreinzureden«[112] haben. War aber einmal das Zauberwort Palästina gefallen, so waren alle andern Optio-

---

[110] Zit. n. N. Wagner, *Theodor Herzl oder das befreite Wien*, in: Th. Herzl, Der Judenstaat, Neudruck der Erstausgabe von 1896 mit einem Vorwort von Henryk M. Broder und einem Essay von Nike Wagner, Augsburg 1986, S. 30

[111] Th. Herzl, *Der Judenstaat*, l. c., S. 68 f.

[112] Op. cit., S. 115

nen nur noch abstraktes Gedankenspiel. Der erste Zionistische Kongress, 1897 unter Vorsitz von Herzl zusammengetreten, lässt sein »Basler Programm« mit den Worten beginnen: »Der Zionismus erstrebt für das jüdische Volk die Schaffung einer öffentlich-rechtlich gesicherten Heimstätte in Palästina.«[113]

Daran zeigt sich, wie sehr die Gründung des Judenstaates nach einem alten theologischen Modell gedacht war: dem Auszug Israels aus der ägyptischen Knechtschaft. Herzl mochte das noch so kaschieren und betonen, diesmal sei alles anders. Und vieles war ja auch anders. Das Entrinnen jenes kleinen Wüstenstamms am Roten Meer aus den Fängen Ägyptens, das viel später als Exodus Israels ins gelobte Land interpretiert wurde und den Glutkern des Alten Testaments ausmacht, war eine Flucht ins Ungewisse. Nicht von ungefähr fühlten sich die *Pilgrim Fathers* dem alten Israel so wahlverwandt, dass sie ihre Überfahrt in die neue Welt als neuen Exodus stilisierten; auch sie zogen fluchtartig aus dem anglikanischen England aus. Nun aber sollte es umgekehrt gehen. »Politik muss von oben herab gemacht werden«, sagt Herzl. »Darum denke ich mir eine aristokratische Republik. [...] Manche Einrichtung Venedigs schwebt mir vor«[114]. Vor allem aber: »Wenn wir noch einmal aus Mizraim wandern, werden wir die Fleischtöpfe nicht vergessen.«[115] Diesmal sollte ein komfortabler Exodus stattfinden, ein wohlgeordneter, ehrenvoller Sternmarsch aus allen Poren Mitteleuropas ins gelobte Land, »und zwar unter dem Protectorate der europäischen Mächte«[116] und finanziert durch jüdisches Großkapital. »Von Anfang an hatte Herzl versucht, den deutschen Kaiser für seine Judenpolitik zu gewinnen« und machte sie ihm in einer Audienz schmackhaft: »mit den Juden käme ein dem Kaiser dienliches deutsches Kulturelement in den Orient. Im Inneren würde die zionistische

---

[113] Op. cit., S. 38
[114] Op. cit., S. 114
[115] Op. cit., S. 104
[116] Op. cit., S. 68

Bewegung die soziale Frage lösen helfen. Durch Ableitung des überschüssigen jüdischen Proletariats würden die Umsturzparteien geschwächt, durch Liquidierung und Überleitung des jüdischen Kapitals die internationale Finanzmacht gebrochen.«[117]

So mutet der Judenstaat wie eine Außenstelle Großdeutschlands an, ein kleines Neu-Preußen als Grenzposten gegen »die Barbarei« – allerdings mit schweizerischem Einschlag. »Wir können doch nicht Hebräisch miteinander reden. Wer von uns weiss genug Hebräisch, um in dieser Sprache ein Bahnbillet zu verlangen? [...] Jeder behält seine Sprache, welche die liebe Heimat seiner Gedanken ist. Für die Möglichkeit des Sprachföderalismus ist die Schweiz ein endgiltiges Beispiel. [...] Die verkümmerten und verdrückten Jargons, deren wir uns jetzt bedienen, diese Ghettosprachen werden wir uns abgewöhnen. [...] Die dem allgemeinen Verkehre am meisten nützende Sprache wird sich zwanglos als Hauptsprache einsetzen.«[118] »Gelobt« ist dieses Land auch insofern, als dort, durch Aufbau eines eigenen Staates, den Juden endlich die ersehnte Anerkennung, die volle Gleichstellung unter den europäischen Völkern zuteil werden sollte, die die rechtliche Gleichstellung innerhalb dieser Völker ihnen immer bloß vorgegaukelt hatte. Der Judenstaat ist gedacht als die wahre Judenemanzipation, als die wahre Assimilation an Europa: Erst in einem separaten, selbst organisierten Gemeinwesen würden die Juden den großen europäischen Nationen gleich: wie sie.

Der neue Staat war erst in einigen Köpfen und auf dem Papier, aber sogleich im Kreuzfeuer – unter den Juden selbst. Herzls Entwurf zündete im doppelten Sinne: Ein Jahr später schon hatte sich eine zionistische Bewegung formiert. Von Anfang an aber ging es kontrovers in ihr zu. Palästina war doch nicht irgendein Land. Es lediglich zur »öffentlich-rechtlich gesicherten Heimstätte« zu machen: war das nicht zu wenig?

---

[117] N. Wagner, l. c., S. 30 f.
[118] Th. Herzl, l. c., S. 115

Musste es nicht um weit mehr gehen: die Wiederherstellung des heiligen Landes der Väter? Konnte die aber mit einer Staatsgründung »von oben« beginnen? Galt es nicht, »von unten« anzufangen, das Land erst einmal durch geduldige Kolonisierung in jedem Sinn des Wortes zu kultivieren – agrarisch, industriell, sozial, mental – und so für eine humane Staatsgründung den Boden zu bereiten? So die Position der »Kulturzionisten«. Herzls Entwurf erstrebte ihnen zu viel und zu wenig zugleich: zu viel, weil er sogleich auf eine glanzvolle Staatsgründung »von oben« spekulierte, ohne die kulturelle Vorarbeit dafür zu gewährleisten; zu wenig, weil er bloß eine Heimstätte, also das, was allen Völkern zusteht, vorsah, mit der weltgeschichtlichen Besonderheit der Juden, ihrer tiefen Verankerung in der Thora, nicht Ernst machte. Martin Buber, einer der Wortführer der »Kulturzionisten«, ging so weit, diese Verankerung als »Gemeinschaft des Blutes« zu bezeichnen. Jeder einzelne verspüre sie »als das Vorleben seines Ichs, als die Dauer seines Ich in der unendlichen Vergangenheit«,[119] und zwar derart tief, dass er gewahr werde: »nicht bloß die Art der Väter, auch ihr Schicksal, alles, Pein, Elend, Schande, all dies hat unser Wesen, hat unsere Beschaffenheit mitgeformt. Das sollen wir ebenso fühlen und wissen, wie wir fühlen und wissen sollen, dass in uns lebt die Art der Propheten, der Sänger und der Könige Judas.«[120] Woraus wie von selbst der Wunsch folgt, das jüdische Blut möge sich endlich auf dem ihm einzig angemessenen Boden entfalten. »Ich glaube: das Judentum ist in Wahrheit noch nicht zu seinem Werke gekommen, und die großen Kräfte, die in diesem tragischsten und unbegreiflichsten aller Völker leben, haben noch nicht ihr eigenstes Wort in die Geschichte der Welt gesprochen.«[121]

---

[119] M. Buber, *Das Judentum und die Juden*, 1910, in, J. H. Schoeps, l. c., S. 109
[120] Op. cit., S. 111
[121] Op. cit., S. 113

Die Konflikte, die damit in der zionistischen Bewegung vorprogrammiert waren, beruhten auf einer gemeinsamen Voraussetzung: Irgendwie, auch wenn man die unterschiedlichsten Vorstellungen darüber hegen mag, inwiefern und weshalb, ist Palästina heiliger Boden. Auch Herzl setzt das voraus. Einerseits mag der Judenstaat notfalls in Argentinien oder Uganda gegründet werden, andrerseits ist Palästina »unsere unvergessliche historische Heimat« – und ihre Inbesitznahme als der ehrenvolle endgültige Exodus konzipiert, der alle Schmach des Auszugs aus Ägypten tilgen soll. Palästina wiegt auch für Herzl ungleich schwerer als jeder andere Ort der Welt; es ist das gelobte Land. Nur dass die moderne europäische Gesellschaftsform und ihr neuer Antisemitismus die Heiligkeit dieses Land mit nüchternem nationalstaatlichen Blick anzusehen verlangt: als idealen Ort für einen modernen Staat, der den Ausweg aus dem Antisemitismus bedeutet. Dort sollen die Juden wie alle werden, nämlich eine moderne Nation, aber durch eine Besonderung ohnegleichen. Keine andere Nation wohnt im gelobten Land. Damit steckt in der Besetzung Palästinas – schon in der libidinösen, die Herzl entfachte, nicht erst in der späteren politischen – jener Grundwiderspruch, den der innerzionistische Disput dann nur nach verschiedenen Seiten hin entfaltet hat. Palästina soll bloß der säkulare Judenstaat sein; aber als gelobtes Land kann es nicht bloß säkularer Staat sein. Also – und nun kamen die kontroversen Folgerungen. Also muss die Staatsgründung durch einen gründlichen Kultivierungsprozess würdig vorbereitet werden, sagten die »Kulturzionisten«. Also, sagten andere, etwa die *Agudas Jisroel,* soll das Land überhaupt nicht durch jüdische Staatsgründung entweiht werden, lediglich der heilige Ort sein, wo die Juden sich besser als irgendwo in der Welt ihrer Tradition und Identität versichern können. Also soll es sehr wohl ein Staat sein, und zwar so schnell wie möglich, und zwar ein auf die Thora gegründeter, meinten Dritte wie die *Misrachi.* Nein, ein sozialistischer Staat, forderten *Poale Zion* und andere marxistische

Gruppen.[122] Und die antizionistischen Juden argumentierten so: Weil Palästina heiliges Land ist, gibt es nur einen, der dorthin führen kann: der Messias. Aber kein hergelaufener Herzl. Der ist bloß ein falscher Messias mehr. »Die Vertreter von fünfhundert jüdischen Gemeinden sandten eine Bittschrift an den Kaiser und baten ihn, die gottlose Bewegung des Zionismus zu verbieten.«[123] Auf ihn nicht hereinzufallen und die Diaspora weiterhin als von Gott verhängtes Schicksal zu begreifen: das war wahres Judentum für sie.

Darin übertrieben einige von ihnen gewiss bis zur Blasphemie, als sie sich nach dem zweiten Weltkrieg zu der Behauptung verstiegen, die *Shoah* sei Gottes Strafe für den Zionismus gewesen. Dennoch, unter den antizionistischen Juden war eine besondere Witterung dafür, dass im Zionismus etwas nicht ganz Koscheres aufsteigt: ein neuer Erdkult. Er knüpft sich an die Formel vom »Land, wo Milch und Honig fließt«.[124] Die aber war einst die Verabschiedung allen Erdkults. Die Erde, der Boden *(erez)*, wovon sie sprach, war gerade nicht das empirische Stück Erde, auf dem man sich befand, der besessene Grund und Boden, sondern ein in Aussicht gestellter, eine imaginierte, zum Inbild rundum befriedeter Natur überhöhte Oase. Das Alte Testament erzählt, wie Israel nach 40 Jahren Wanderung in der Wüste diesem Land nahe kommt, wie Moses Kundschafter ins Land eindringen und mit Kostproben seiner Früchte zurückkehren, wie Mose selbst vor seinem Tode noch vom Berg in dies Land schauen, es aber nicht mehr betreten darf, und wie Josua schließlich die Stämme Israels versammelt, ins gelobte Land eindringt, alle Stämme, die sich ihm entgegenstellen, niedermacht, und so das in Gang setzt, was bis heute unter dem arglosen Namen »Landnahme« firmiert, als wäre da lediglich herrenloser Boden in Besitz genommen und nicht erst

---

[122] Cf. J. H. Schoeps, l. c., S. 20 ff.
[123] A. Elon, *Morgen in Jerusalem*. Theodor Herzl. Sein Leben und Werk, Wien 1975, S. 175
[124] Ex 3, 17

einmal das darauf wohnende Volk vertrieben oder ausgerottet worden.

Wenn sich Juden im 20. Jahrhundert aufmachen, um in Palästina zu siedeln, so geschieht damit eine neue »Landnahme«. Aber kann man die eigentlich wollen? Jedenfalls hat die biblische nicht viel Vorbildliches. Die Bücher Josua und Richter, die davon erzählen, sind Berichte von Krieg, Mord und Totschlag, Intrige und Verrat. Sie gehören zum Gröbsten, was das Alte Testament zu bieten hat. Andrerseits sind sie Bestandteile einer abgründigen literarischen Komposition. Das verheißene Land wird in Besitz genommen, aber in dem Maße, wie das geschieht, ist es nicht das Land, das verheißen wurde. Es fließt eher Blut dort als Milch und Honig. Das auserwählte Volk, dem das Land zufiel, verhält sich nicht so, wie sein Gott es von ihm erwartet. Es ist korrupt, es entweiht das Land. Und so wird es einerseits sesshaft dort, Jerusalem wird sein Zentralheiligtum, der Berg Zion ragt als Wahrzeichen dafür auf, dass es das Land schlechthin ist, dass die Verheißung nicht leer war. Andrerseits wird Zion auch zum Wahrzeichen dafür, dass die Verheißung noch unerfüllt ist. Zion soll erst werden, was ihm zugesagt ist, und die alttestamentlichen Propheten, die dem Volk, das den Zion umwohnt, alle Schande sagen und ihm größtes Unheil als Strafe für seine Unwürdigkeit ankündigen, entrücken die endgültige Erfüllung der Verheißung zu einem fernen Silberstreif am Horizont. Erst wenn das ganze verdiente Unheil bis zur Neige ausgegossen ist, soll Zion zum Weltzentrum der Gerechtigkeit und der befriedeten Natur werden, wohin die Völker wallfahren und wo Kalb und Löwe einträchtig nebeneinander weiden.[125] Tritojesaia sagt sogar: Erst wenn ein neuer Himmel und eine neue Erde geschaffen werden, ist es so weit.[126]

Damit ist Zion das Symbol *par excellence* für eine versöhnte Welt. Die ganze Ambivalenz des Symbolischen konzentriert

[125] Jes 11
[126] Jes 65, 17

sich darin. »Die Symbolik«, sagt Goethe, »verwandelt die Erscheinung in Idee, die Idee in ein Bild, und so, dass die Idee im Bild immer unendlich wirksam und unerreichbar bleibt und, selbst in allen Sprachen ausgesprochen, doch unaussprechlich bliebe.«[127] Das Symbol ist – im Gegensatz zum bloß konventionellen Zeichen – nicht austauschbar. Es ist mit dem, *wofür* es Symbol ist, innig verschmolzen. Jenes Andere, das Symbolisierte, kann nur in diesem Symbol angemessen aufscheinen, aber es ist darin ebenso »unendlich wirksam« wie »unerreichbar«. Diese Doppeldeutigkeit hat sich im jüdischen Passahritus auf abgründige Weise niedergeschlagen. »Nächstes Jahr in Jerusalem« rufen die zum Ritus Versammelten einander zu, wenn sie zum Abschluss des Passahmahls das Glas erheben. Das taten sie die ganzen langen Jahrhunderte der Diaspora hindurch, jedes Jahr wieder, und jeder wusste: Es wird nicht so sein. Auch nächstes Jahr werden wir dort nicht feiern. Und selbst wenn wir im nächsten Jahr wider Erwarten doch im geographischen Jerusalem wären, so wäre es nicht das, was in der Passah-Formel gemeint ist. Die nämlich intendiert ungleich viel mehr als sie sagt. Das Passahmahl in Jerusalem steht für den versöhnten Zustand.

Moralische Rigoristen könnten der Formel Unaufrichtigkeit vorwerfen: Ihr tut ja bloß so, als wolltet ihr dorthin, aber ihr meint es nicht ernst. Solchem Rigorismus fehlt es an Gespür für die Doppelbödigkeit des Symbolischen. Einerseits ist zwar das reale geographische Jerusalem das authentische Symbol der gemeinten Versöhnung – der herausragende Ort, wo sie »unendlich wirksam« ist; insofern muss man dort das nächste Passah feiern wollen. Andrerseits bleibt auch in diesem Symbol das Symbolisierte »unerreichbar«; insofern kann man auch an jedem andern Ort das nächste Passah feiern. Ohne sich auf das reale Jerusalem zu richten, hätte das Passah-Gedächtnis kein Bild der Versöhnung, aber man muss nicht im realen Jeru-

---

[127] J. W. Goethe, *Maximen und Reflexionen*, Sämtliche Werke, Artemis-Ausgabe, Bd. 9, Zürich 1950, S. 639

salem sein, um dieses Bild im Herzen zu tragen. Man kann nach Jerusalem wallfahren, aber es ist keine heilsnotwendige Wallfahrtsstätte. Jahrhundertelang hat das Judentum, unter dem Druck der Diaspora, Jerusalem in dieser symbolischen Schwebe gehalten – übrigens auch in Jerusalem selbst. Es gab ja dort die ganze Zeit über eine jüdische Gemeinde. Keine Frage, sie war eine besondere Ansammlung, hebräisch: *Jischuw*. Sie war näher als alle andern am Ort, wo einst der Tempel gestanden hatte, durfte an der Klagemauer selbst beten, und wenn der Messias tatsächlich käme, wäre sie schon da, um ihn zu begrüßen. Aber dort auf ihn warten war eher ein geographisch-psychologischer Vorteil als ein theologischer. Das Verweilen an heiliger Stätte mochte den Glauben stärken, und doch waren die heiligen Überreste weniger heilig als die Thora. Sie galt seit der Zerstörung des zweiten Tempels als der Sitz des göttlichen Geistes. Die Thorarolle aber und die darin aufgezeichneten Verpflichtungen (*Mizwot*) ließen sich überallhin auf der Welt mitnehmen. Die Jerusalemer Gemeinde stand nicht über der Diaspora; sie war deren Vorposten: geographisch an der wahren Heimstätte und darin gleichwohl nicht zu Hause.

Erst die spezifisch moderne Spannung einer ebenso gewährten wie vorenthaltenen Gleichstellung innerhalb der neuen bürgerlich-kapitalistischen Gesellschaft hat die Schwebe Jerusalems in der Diaspora unerträglich gemacht. Der Zionismus ist der erklärte Wille, sie zu verlassen. Er will Eindeutigkeit. Nächstes Jahr in Jerusalem? Machen wir doch endlich ernst damit! Feiern wir vielleicht nicht nächstes Jahr, aber dafür übernächstes Jahrzehnt alle zusammen das Passah dort – in der modernen Hauptstadt des neuen Judenstaats! Wie nüchtern und entmythologisierend das klingt: als schnitte man der Stadt der Städte den metaphysischen Zopf ab und begnügte sich fürderhin mit dem irdischen, sozusagen einem nachmetaphysischen Jerusalem, das bei aller Altehrwürdigkeit auf dem empirischen Boden der Tatsachen bleibt. Nur dass das nachmetaphysische Jerusalem dabei zu einem vormetaphysischen wird, nämlich magisch magnetisiert. Die abgesunkene Heiligkeit seines Bodens, seiner Kultstätten wird neu aufgeladen: zum Ziel eines neuen Exodus. Was hier stattfindet, ist nicht Entmythologisierung, sondern Desymbolisierung. Je mehr Jerusalem seine Symbolkraft verliert, desto attraktiver wird es als das reale empirische. Es zieht nun nicht etwa weniger Erwartungen auf sich – psychoanalytisch gesprochen: weniger libidinöser Energie –, sondern lediglich weniger sublimierte Erwartungen. Ein Symbol als Symbol begehren heißt das begehren, wofür es steht. Das Symbol ist Leiter, Mittler des Begehrens, nicht sein eigentliches Objekt. Ein Symbol um seiner selbst willen begehren heißt hingegen, es vom Leiter zum Objekt zu machen. Es hört auf, Symbol zu sein, und wird zu dem, wofür es bloß stehen sollte: zur Sache selbst. Nicht der symbolische Status macht nunmehr das empirische Jerusalem ehrwürdig und begehrenswert, sondern sein empirisches Dasein samt seiner besseren Vergangenheit als Ort, wo einst der Tempel stand. Einem Symbol gilt libidinöse Energie nur mittelbar. Sie wird von ihm umgelenkt aufs Symbolisierte. Wird das Symbol aber zur Sache selbst, so wird diese zum Objekt der Begierde. Ihre libidinöse Besetzung geschieht unmittelbar. Das ist, psychoanalytisch gesprochen, ein Akt der Entsublimierung. Das Symbol wird zum Fetisch. Der geographische Ort als solcher wird »heilig« – als die Stätte, der Boden, auf den das jüdische »Blut« gehört. Unversehens wird dieser Boden zum Magneten eines sich selbst nicht wahrhaben wollenden Erdkults. Dem empirischen Jerusalem wächst der Fetischcharakter einer Wallfahrtsstätte zu. Es ähnelt sich Mekka an.

Gegen diese entsublimierende Schwerkraft des Zionismus haben sich die selbstkritischen seiner Köpfe von Anfang an gestemmt, und Juda Leon Magnes, als Rektor der Jerusalemer Universität ein entschiedener Verfechter friedlicher Koexistenz von Juden und Arabern, war einer der bemerkenswertesten. »Die jüdische Gemeinschaft in der ganzen Welt ist ein wundersamer und paradoxer Organismus. Er nimmt an dem Leben vieler Nationen teil, wird aber, trotzdem ihm dies so oft prophezeit wurde und noch wird, nicht von ihnen absorbiert. Er ist in jedem Lande patriotisch und doch ist er international und kosmopolitisch. Palästina kann nicht ›die Judenfrage des jüdischen Volkes lösen‹. Wo es Juden gibt, gibt es eine Judenfrage. Es gehört zum jüdischen Schicksal, dieser Frage standzuhalten und ihr einen vernünftigen Sinn für die Menschheit zu geben.«[128] »Meine Meinung ist, dass das Volk und die Thora auch ohne das Land existieren und schöpferisch sein können, wie sie ohne das Land existiert haben und schöpferisch gewesen sind; dass jedoch das Land eines der Hauptmittel, wenn nicht das Hauptmittel, zur Wiederbelebung und Vertiefung von Volk und Thora ist.«[129] »Die Zersetzung dieses Volkes, die Diaspora, ist ein wundervolles Mittel zur Erfüllung seines Lehramtes. Die Zerstreuung ist eine unwiderrufliche historische Tatsache und Palästina kann ein Mittel sein, um diese Tatsache zu einer noch größeren Segnung zu gestalten. […] Wenn ich aber diese hohe Meinung von der Diaspora habe, was ist uns noch Palästina? Es ist das Land Israels, unser Heiliges Land. Es ist für uns heilig in einem praktischen und in einem mystischen Sinne. Seine Heiligkeit zieht unsere Alten und unsere Jungen, die Religiösen und die Nichtreligiösen, aus größter Ferne an sich und sie wollen seinen Boden bearbeiten, eine ethische Gemeinschaft aufbauen und dadurch das Land noch heiliger machen. Seine Landschaft und seine Farbe selbst hilft jedem Kinde und jedem einfachen Menschen unter uns, unsere klassische Literatur und unsere Geschichte zu verstehen. Es hilft uns, […], das Innerste unserer Seele aufzuschließen, tief in die Quellen unseres Wesens zu tauchen, wie sie für unsere Erinnerung leben und wie wir sie in diesen Hügeln und Tälern und Wüsten und unter diesen wilden und doch verwandten Völkern ahnen und erfühlen. […] Wenn wir leben

---

[128] J. L. Magnes, *Wie alle Völker…?*, 1929, in: J. H. Schoeps, l. c., S. 115
[129] Op. cit., S. 114

wollen, muss unser Gefühl für unsere Geschichte und Literatur immer stärker werden. Palästina diente Israel im Exil Jahrhunderte lang in dieser Beziehung, obgleich es nur ein fernes Ideal war. Palästina als Wirklichkeit ist selbst die Pergamentrolle, auf die unsere Geschichte geschrieben und vor uns hingebreitet ist.«[130]

Man sieht, wie die »hohe Meinung von der Diaspora« hier verhindern soll, dass Palästina zum Fetisch wird. Man muss nicht dorthin ziehen; »das Volk und die Thora« können auch weiterhin »ohne das Land existieren und schöpferisch sein«. Im Land soll dies alles lediglich besser gehen. Es firmiert nicht mehr als Vorposten des Exils, sondern als Komparativ des Judentums: soll die Diaspora »zu einer noch größeren Segnung« machen, durch angemessene Besiedlung »noch heiliger« werden, das »Gefühl für unsere Geschichte und Literatur immer stärker werden« lassen. Spätestens freilich, wenn das Land als die »Pergamentrolle« seiner eigenen Geschichte dargeboten wird, fühlt man sich an Platons *Phaidros* erinnert. Dort tritt der Gott Theut, der Erfinder der Schrift, vor den ägyptischen Pharao und preist ihm die Vorzüge seiner Erfindung fürs Gedächtnis an. Was man aufschreibt, vergisst man nicht. Der Pharao aber sieht das genau umgekehrt. Was man aufschreiben kann, kann man vergessen. Die Schrift wird gerade zur »Vernachlässigung des Gedächtnisses« führen, weil die Lernenden nun »im Vertrauen auf die Schrift sich nur von außen vermittels fremder Zeichen, nicht aber innerlich sich selbst und unmittelbar erinnern werden«.[131] Die ganze Ambivalenz von Schrift und Gedächtnis blitzt hier auf. Freilich gilt die Thora als Inbegriff von Schrift; ohne sie kein jüdisches Gedächtnis. Und dennoch gehörte zu ihrem vollen Verständnis stets, sie in doppeltem Sinn als Provisorium Gottes zu wissen: als Krücke, die er dem gebrechlichen menschlichen Gedächtnis gnädig darreicht, und als seinen vorläufigen spirituellen Wohnort, um

---
[130] Op. cit., S. 115 f.
[131] Platon, *Phaidros*, 275 a

nicht zu sagen, sein Exil nach der Zerstörung des Tempels, bis dass er seine Verheißungen erfüllen werde. Wo die Höhen und Täler Palästinas selbst zur Pergamentrolle werden, die ein tieferes, weniger krückenhaftes Gedächtnis bewirken soll, droht ebenso gut das Gegenteil: dass die Landschaft die Aufmerksamkeit von der Schrift abzieht, ihre sinnliche Wahrnehmung die Gedächtnisarbeit untergräbt und jene Desymbolisierung Palästinas eintritt, die das empirische Land, so, wie es ist, selbst schon als heiligen Boden nimmt – fetischisiert. Lebte die Erinnerung der Juden an den Exodus und an Palästina nicht gerade von der geographischen Ferne, wob sich nicht erst in der Diaspora die Thora zu einem singulären Gedächtnisteppich? Entfaltete das jüdische »Blut« seine spezifischen Kräfte nicht gerade unabhängig vom Boden eines heiligen Landes? Dass dies alles in Palästina nun nur noch besser funktionieren werde, ist bürgerliche Fortschrittsideologie und ungeschützte Behauptung. Mindestens ebensoviel spricht für das Gegenteil: dass die spezifischen Kräfte des Judentums sich gerade dem Druck der Diaspora verdankten und auf palästinensischem Boden erschlaffen.

»All animals are equal, but some animals are more equal than the others«, heißt es in Orwells *Animals Farm*. Zionistisch gesprochen: Alle Länder der Erde gleich, aber eines ist »gleicher« als die andern. An allen Orten der Welt können Volk und Thora blühen, aber an einem Ort können sie besser als irgend sonst blühen. Nur durch Zuflucht zu diesem Komparativ konnte sich der Zionismus noch behaupten, wenn er einmal so sorgsam wie bei Magnes auf sich zu reflektieren anfing. Denn alle innerjüdischen, zumal theologischen Argumente, die er für sich reklamiert, können genauso gut gegen ihn gewendet werden. Nicht einmal der Antisemitismus spricht eindeutig für ihn. Jahrhundertelang haben Demütigung, Ghetto, Pogrom nicht vermocht, dem Gedanken einer Staatsgründung in Palästina Vorschub zu leisten. Erst der moderne Antisemitismus mit seiner diabolischen Akzeptanz der Juden

verschaffte ihm eine Massenbasis. Und erst als dieser Antisemitismus in grauenhafte Massenvernichtung übergegangen war und die »Schaffung einer öffentlich-rechtlich gesicherten Heimstätte« für die Überlebenden nahezu zu einem kategorischen Imperativ wurde, wurde der Gedanke Tat. 1948 entstand das moderne Israel. Nur dass es nie eine wirklich »gesicherte« Heimstätte war, durch Krieg gegründet und seither um sein Existenzrecht kämpfend – ein weiteres Exil.

Das haben die selbstkritischen Kräfte im frühen Zionismus immer befürchtet. Sie hatten ein Gespür für seine unheilvolle Erdenschwere und haben sich tapfer dagegen gesträubt. Wohl haben auch sie die »Landnahme« gewollt, aber nicht, wie Magnes so schön formuliert, nach der »Methode Josuas«[132]. Doch wie soll man ein Land, das längst besiedelt ist, anders »nehmen« als nach dieser Methode? Selbstverständlich ist sie bei der Staatsgründung angewendet worden, und nachdem der Staat da war, die militärisch-politische Sicherung seines Bodens für seine Bewohner zur *ultima ratio* geworden war, konnte sich die mythische Erdenschwere des Zionismus so durchsetzen, wie es der Geschichtsverlauf gezeigt hat. »Selbst die hartgesottensten Agnostiker unter den Juden können sich parareligiöser Gefühle kaum erwehren, wenn sie auf Israel zu sprechen kommen«, sagt Richard Chaim Schneider. »Der Umstand, dass ein Volk, das zweitausend Jahre heimatlos gewesen ist, wieder in seine angestammte Heimat ›zurückgekehrt‹ ist, dass es sich trotz eines massiven Kräfteungleichgewichts in fünf Kriegen hatte behaupten können, sich kulturell, wirtschaftlich und politisch etabliert hat und aus dem weltpolitischen Geschehen nicht mehr wegzudenken ist, grenzt schon an ein Wunder.«[133]

---

[132] J. L. Magnes, l. c., S. 119
[133] R. Ch. Schneider, *Israel am Wendepunkt*. Von der Demokratie zum Fundamentalismus?, München 1998, S. 35

»Parareligiös« ist Schneiders Wort für jene libidinöse Überbesetzung des palästinischen Bodens, die in den nüchternsten Gemütern stattfindet. Davon war auch die Arbeiterpartei nicht frei, die die ersten Jahrzehnte regierte und auf eine betont säkulare Staatsführung bedacht war. Die Nötigung des Staates zur Selbstverteidigung nach allen Seiten hat dies libidinöse Verhältnis zum Boden in einen nahezu unwiderstehlichen *circulus vitiosus* der Selbstverstärkung hineinmanövriert. Jeder Tropfen Schweiß und Blut, den dieser Boden kostet, macht ihn nur kostbarer, wertvoller, heiliger, und es ist diese Erdkult-Logik im Zionismus selbst, die sich mit fataler Folgerichtigkeit über die »hartgesottenen Agnostiker« unter seinen Anwälten, über die sozialistische Staatsgründer-Generation, die Kibbuz-Bewegung hinweggesetzt, dem Likud-Block zur Macht verholfen und kleine ultrareligiöse Parteien in den Rang von »Königsmachern« gehoben hat. Es ist gewiss nur eine verschwindende Minderheit von Israelis, die ernstlich daran denkt, in Jerusalem den dritten – endgültigen, messianischen – Tempel zu errichten, oder die den Mord an Rabin gutheißt. Und die im Westjordanland weiterhin unverdrossen Siedlungen errichten und darin nicht nur ihr gutes Recht, sondern ihre heilige Kolonisatorenpflicht sehen, haben nicht die Mehrheit hinter sich. Gleichwohl ist die physische Besetzung besagten Bodens, die sie betreiben, nur ein sinnfälliges Extrem jener libidinösen, die den Glutkern des Zionismus ausmacht, fraglich daher, wie weit eine israelische Armee jemals bereit wäre, sie, wenn es hart auf hart kommt, mit Gewalt von ihrem Tun abzubringen. »Ich weiß«, sagte Moshe Zuckermann im Herbst 2001, »dass es seit gut 10–15 Jahren statistische Daten gibt, die behaupten, dass 65% der Israelis für einen palästinensischen Staat und bereit sind, auch dafür einzustehen.« »Es reicht aber, dass 1.000 Hardliner [von den Siedlern der Westbank] sagen: ›Nur über unsere Leiche – wir ziehen uns hier nicht zurück‹,« so »dass das Gewaltmonopol des Staates Israel gegen sie angewendet werden müsste.« Dann könnte es »dazu kommen, dass das israelische Militär oder der Grenzschutz eventuell Menschen anschießt. Für meine Begriffe ist es allerdings ganz und gar nicht ausgemacht, dass ein Großteil der israelischen Bevölkerung es absegnen würde, wenn Juden auf Juden schießen. Mithin bedeutet das, dass die Möglichkeit eines Bürgerkriegs in Israel im Falle einer Räumung der Gebiete nicht undenkbar ist.«[134]

Vollkommen zersplittert in radikal Agnostische, indifferent Säkulare, halbherzig oder gemäßigt Gläubige und Radikal- bis Ultraorthodoxe: so stellt sich die israelische Bevölkerung dem soziologisch klassifizierenden Blick dar, während sie zugleich, sozusagen subkutan, zu einem unausgesprochenen Erdkult zusammenwächst, dem sich in der angespannten Lage nur die wenigsten entziehen können. Damit tut sich am Fundamentalismus ein weiterer Aspekt auf: das Phänomen eines Glaubens, der sogar diejenigen in seinen Bann zieht, die nicht an ihn glauben. Dass im Zeitalter der Globalisierung ein neuer Erdkult, oder, in Politikersprache, die ungelöste Palästina-Frage, man könnte auch sagen, die von Juden und Moslems gleichermaßen betriebene »Mekkaisierung« Jerusalems, die Weltöffentlichkeit in Atem hält, ist schon paradox genug. Bemerkenswerter fast noch, wie der Sog, der von diesem Erdkult ausgeht, auch die Nervensysteme der Säkularen erfasst, für einen Unglauben sorgt, der tief von Glauben unterlaufen ist – und damit umkehrt, was sich bisher als Fundamentalismus dargestellt hat: das Unterlaufensein des Glaubens vom Unglauben. Aber diese Umkehrung gehört zum Fundamentalismus wie die Rückseite einer Medaille zur Vorderseite. Die moderne kapitalistische Gesellschaft ist auch darin doppeldeutig, dass mit ihrem Vordringen nicht nur jahrtausendelang gültige Fundamente wegbrachen, sondern auch profane, triviale Gegenstände und Sachverhalte derart mit höherer Bedeutung aufgeladen wurden, als wären sie sinnstiftende, haltgebende Fundamente. Der

---

[134] M. Zuckermann, *Strukturprobleme des Israel-Palästina-Konflikts*, in: Phase Zwei, Zeitschrift gegen die Realität, Februar 2002, S. 28

libidinös, politisch, militärisch besetzte Boden Palästinas ist nur ein besonders exponiertes Stück davon. Und er hat ein Gegenstück, dem nun die Aufmerksamkeit gilt.

6. Hollywoodismus

Während sich der Zionismus, begleitet von heftigen Diskussionen, zum Auszug nach Palästina formierte, hatte in aller Stille längst ein nicht minder folgenreicher Auszug in Gegenrichtung begonnen. Zu Tausenden hatten mittel- und osteuropäische Juden, überwiegend aus ländlichen Gebieten, wo einerseits noch vormoderne Ghettoatmosphäre wehte, andrerseits aber schon der Druck des modernen Antisemitismus spürbar wurde, sich von den Nachrichten, Gerüchten, Verheißungen angezogen gefühlt, die aus Nordamerika herüberdrangen. Die USA erlebten in den letzten Jahrzehnten des 19. Jahrhunderts jene große Welle jüdischer Einwanderung, die zur Formierung des protestantischen Fundamentalismus nicht unerheblich beitrug. Ganze Familienverbände machten sich auf, einige sicher in der Hoffnung, das »Land der unbegrenzten Möglichkeiten« möge auch Milch und Honig oder zumindest reichlich Geld fließen lassen. Ob es allerdings die rechtmäßige, gar von Gott verheißene Heimstätte der Juden sei – das wurde nicht diskutiert. Man nahm seine religiöse Tradition mit über den Atlantik, wie man sie überallhin in die Diaspora mitgenommen hatte, aber den Exodus selbst vollzog man, ohne ihn staatstheoretisch oder theologisch aufzuladen. Man war froh, wenn man überhaupt davon kam – wie denn auch einst der Auszug aus Ägypten, ehe die große geschichtstheologische Konzeption des Alten Testaments sich an ihn knüpfte, nichts als ein ungewisser Notausgang gewesen sein dürfte: die Chance, auf eine unsichere Zukunft hin dem Unglück zu entrinnen.

Gerade der unprätentiöse Exodus nach Westen aber, in den gedemütigte und verängstigte Ostjuden ohne jede zionistischen Ambitionen hineinstolperten, führte einige schließlich an einen Ort, der nie verheißen, nie gesucht worden war – und gleichwohl zur Gründungsstätte einer Weltmacht ohnegleichen wurde. Sie siegte nicht mit Waffengewalt, aber nachhaltiger als es Militärs je könnten: indem sie mentale Standards produzierte, die zu Schemata der allgemeinen menschlichen Wahrnehmung und Mitteilung aufstiegen.

Die Filmmagnaten von Hollywood entstammen allesamt dem jüdischen Emigrantenmilieu. Carl Laemmle, der Gründer von *Universal Pictures*, wurde 1867 in Laupheim in Württemberg als Sohn eines wenig erfolgreichen jüdischen Händlers geboren. Als seine Mutter starb, hielt ihn nichts mehr zu Hause; sechzehnjährig folgte er seinem Bruder in die USA. Adolph Zukor, der spätere Chef von *Paramount Pictures*, kam 1873 in Risce im ungarischen Tokaier-Weingebiet zur Welt und verlor seine Eltern schon als Kind. Der Onkel, der seinen Bruder und ihn streng jüdisch aufzog, adoptierte aber nur den Bruder, der sich für Thora, Talmud und Rabbinat empfänglich zeigte. Zukor war ebenfalls sechzehn, als er die Reise über den Atlantik antrat. Auch William Fox, der die *Fox Film Corporation* aufbaute, stammte aus Ungarn; seine Eltern hatten ihn als Kleinkind mitgebracht. Der Mann an der Spitze von *Metro-Goldwyn-Mayer*, Louis B. Mayer, kam mit seinen Eltern aus Russland. Benjamin Warner hieß in Polen noch Verner, wo er Weib und Kinder verließ, in den USA aber bald so viel mit dem Reparieren von Schuhen verdiente, dass er ihnen die Überfahrt finanzieren konnte. Seine Söhne wurden die *Warner Brothers*.[135] So weit die ganz Großen. Aber auch ihre Partner, Teilhaber, engsten Mitarbeiter entstammten dem jüdischen Emigrantenmilieu: ob Zukors langjährige Kompagnons Morris

---

[135] N. Gabler, *An Empire of Their Own. How the Jews invented Hollywood*, New York 1989, S. 3, 48 f., 13 f., 64 f., 82, 122 f. Weitere Seitenzahlen im Text.

Kohn, Marcus Loew, Jesse Lasky, ob seine Freunde Kahn, Kuhn, Loeb, ob Samuel Goldwyn, der eigentlich Goldfish hieß, ob Samuel Rothafel (ursprünglich Rothapfel), ob Mayers rechte Hand Irving Thalberg, und überall tauchten an den Schaltstellen Hollywoods jüdische Namen auf. Gewiss, alle zusammengezählt ergeben, gemessen am gesamten jüdischen Emigrantenstrom aus Osteuropa, nur eine Handvoll von Glückspilzen, denen eine atemberaubende Karriere in einem neuen Metier gelang, während die große Masse alle Hände voll zu tun hatte, um im amerikanischen Konkurrenzkampf nicht unterzugehen. Aber wie gleichen sich diese Karrieren! Neal Gablers erhellende Studie *An Empire of their Own. How the Jews invented Hollywood* zeigt, dass Hollywood unverständlich bleibt, wenn jüdische Emigrantenerfahrungen nicht als seine Kehrseite begriffen werden.

Alle späteren Magnaten fingen armselig in Neuengland an – so, wie es Juden ohne Existenzgrundlage in Europa seit Jahrhunderten gelernt hatten: Laemmle zunächst als Laufbursche in New York, dann, in Chicago und Umgebung, als Angestellter im Großhandel, Viehhandel, bei Juwelieren, bis er schließlich Buchhalter bei einer Bekleidungsfirma wurde und sich dort zum Manager hocharbeitete (S. 50). Zukor begann in New York als Lehrling im Pelzhandel, nähte und verkaufte dann auf eigene Faust, ehe er in Chicago selbst ein alsbald florierendes Pelzgeschäft eröffnete (S. 15). Fox musste schon als Kind für seinen erwerbsunfähigen Vater einspringen, ging mit Ofenschwärze hausieren und Bonbons auf Bootsrundfahrten und im Central Park verkaufen, war mit dreizehn Vorarbeiter in einer Bekleidungsfirma und übernahm mit zwanzig selbst ein kleines Unternehmen, das Kleidungsverschlüsse herstellte (S. 65). Mayer wurde von seinem Vater, der die Emigration aus Russland nach New Brunswick als persönlichen Schiffbruch erlebte, notdürftig mit Altmetall handelte und seine Zuflucht in der jüdischen Gemeinde suchte, bereits als Halbwüchsiger quer durch Kanada auf Auktionen geschickt, ging neunzehnjährig nach

Boston, wo er sich mit Gelegenheitsjobs durchschlug, bis er einmal in einem Filmtheater aushalf und vom Besitzer, der Gefallen an ihm fand, auf die Idee gebracht wurde, selbst ein solches Theater zu mieten (S. 82 ff.). Benjamin Warner hörte in Baltimore nicht auf, jiddisch zu sprechen, koscher zu essen und so nahe bei der Synagoge zu wohnen, dass er sie, wie der Talmud verlangt, am Sabbat zu Fuß erreichen konnte. Er ließ seine Söhne Hebräisch lernen. Die älteren, Harry und Albert, taten es willig und fanden durch fleißiges Schuheflicken, später durch Eröffnung eines Fahrradladens und den Verkauf von Seife, ein bescheidenes Auskommen. Die jüngeren, Sam und Jack, unwillig, in die Fußstapfen des Vaters zu treten – sie waren es, die das Schicksal der Familie entschieden. Sam jobbte in einem Vergnügungspark, als er einen gebrauchten Filmprojektor angeboten bekam. Zufällig hatte er gelernt, ein solches Gerät zu bedienen und überzeugte die Familie, die erforderlichen tausend Dollar dafür zusammenzulegen (S. 123 ff.).

Es waltet in diesen Lebensläufen geradezu ein Schema: armseliger Handel mit allem, was sich irgend veräußern ließ – vorzugsweise Pelz, Leder, Tuch, Kleidung – und dann, unversehens, die Berührung mit dem Film. Bei Zukor schon sehr früh. 1897, kaum zwei Jahre, nachdem die Brüder Lumière im Pariser ›Grand Café‹ ihre ersten Vorführungen begonnen hatten, »führte er seine Braut ins Chicagoer Hopkins Theater und sah einen kurzen Film, wo May Irwin John C. Rice küsst«, was »einen unauslöschlichen Eindruck« auf ihn machte (S. 21 f.). Während in Europa unter Film anfangs nur eine Zutat zum Varieté oder eine weitere Jahrmarktattraktion verstanden wurde, entstanden in den USA umgehend sogenannte ›Nickelodeons‹, wo man für einen Nickel (5 Cents) jene kurzen Streifen bewundern konnte, auf denen irgendeine Moritat, Prügelei oder ein grober Spaß vorbeihuschte. Genau als dieses billige Vergnügen für Proletarier, Arme und Benachteiligte aller Art, vorgeführt in Hinterhäusern, umgebauten Schuppen, Tanz- und Billiardsälen lernten die späteren Hollywood-Magnaten den Film kennen. Sie wurden von ihm berührt wie alle andern Zuschauer auch, aber auf besondere Weise, nämlich nicht nur von dem, was sie sahen, sondern auch von den ungesehenen, unerhörten Möglichkeiten darin. Von denen hatten sie anfangs gewiss keinen klaren Begriff. Gleichwohl erspürten sie sie. Die bewegten Bilder rührten, wie mit dem Zauberstab, an ihren tiefsten Wunsch: endlich die Angst, die Demütigung, die Ausgrenzung loszuwerden, die sie als Juden überallhin verfolgte. Mit andern Worten: Die bewegten Bilder leuchteten ihnen mit der Intensität einer Verheißung auf; man ist versucht, zu sagen: wie ein brennender Dornbusch.

1906 eröffnete Zukor sein erstes Filmtheater, expandierte schnell nach Pittsburgh, Philadelphia, Boston, und geriet ebenso schnell an den Rand des Bankrotts. So rhapsodisch kurz wie die Filme waren, drohte auch das Interesse an ihnen zu werden. Selbst *The Great Train Robbery*, der Archetyp des Wildwestfilms von 1903, im ersten Jahrzehnt des 20. Jahrhunderts eine Dauerattraktion und mit acht Minuten ungewöhnlich lang, konnte die laufenden Kosten für die Räume nicht aufwiegen (S. 23). Es gab nun zwei Möglichkeiten: Entweder die Filmbegeisterung war nur ein Strohfeuer gewesen, oder der Film musste einen qualitativen Sprung tun, Theaterlänge und -niveau bekommen, um die Begeisterung erst richtig anzufachen. Prompt sicherte sich Zukor die amerikanischen Rechte des französischen Großfilms *Queen Elizabeth* mit Sarah Bernhardt, engagierte nach dessen durchschlagendem Erfolg Edwin Porter, den Regisseur von *The Great Train Robbery*, um ein Melodrama namens *The Prisoner of Zenda* zu verfilmen, das zuvor auf der Bühne reüssiert hatte, gründete die Firma *Famous Players*, ließ weitere große Filme wie *Der Graf von Monte Christo* drehen und war bereits 1912 für den *New York Clipper* »eines der sieben Wunder im Filmgeschäft«: »Zukor, der allererste, der die Möglichkeiten erkannt hatte, berühmte Stücke mit berühmten Schauspielern fürs Kino zu produzieren, hat dem Film einen Ton und eine Würde verliehen, die er vor seinem Eintritt nicht hatte« (S. 32).

Das traf den Kern. Juden hatten ja nur deshalb im Filmgeschäft Fuß fassen können, weil es unter der Würde der großen, etablierten, kulturbeflissenen Geschäftsleute war. Es war ein Hinterhausgewerbe, der Filmvorführer eine etwas vornehmere Variante jenes Hausierers, der an Proletariertüren und Dienstboteneingängen Groschenromane verkaufte. Wie aber, wenn es gelang, den Film zu säubern: sowohl im buchstäblichen Sinne, dass er in anständig gereinigten und bestuhlten Theatern statt in schmierigen Hinterzimmern gezeigt wurde, als auch im übertragenen Sinne, dass er eine saubere Handlung bekäme, kulturelles Niveau sozusagen, statt mit billigen rohen Sketchen und Slapsticks das Zwerchfell kurz zu kitzeln und dann zu verpuffen? Wie, wenn er in bewegten Bildern Geschichten erzählte, die alle Zuschauer nachhaltig anrührten – über alle sozialen, ökonomischen, ethnischen Differenzen hinweg? Dann wäre er das Medium, das die Gesellschaft tatsächlich vereinigte – und seine jüdischen Vorkämpfer feierlich in diese Gesellschaft einführte: das Medium ihrer triumphalen Assimilation.

Es war keine Verabredung, dass Laemmle ähnlich empfand. Auch er hatte zunächst ein Nickelodeon – »Coolest 5 cent Theatre in Chicago« (S. 53) – eröffnet und expandierte so schnell, dass er bald mit dem großen Edison in Konflikt kam. Der hatte nämlich, um die Patente seiner Filmerfindungen zu schützen, eine Gesellschaft gegründet, nach deren Reglement sich alle Filmvorführer richten sollten. Laemmle war dazu nicht bereit, begann Filme aus Europa zu importieren, bald produzierte er selbst. »Die besten Filme, die menschliche Erfindungsgabe erdenken und die besten Filme, die menschliche Fähigkeit ausführen kann« (S. 61), war sein Motto, und der Name des Unternehmens, das ihn berühmt machte, hätte programmatischer und prätentiöser nicht ausfallen können: *Universal Pictures*. »Universal entertainment for the universe.« (S. 63) Dass der kleine bescheidene Laemmle – »Er sah aus wie ein großväterlicher Zwerg« (S. 47) – derart auftrumpfte, dass hier ein Jude den Universalisten gab, war nur scheinbar paradox. Nur wenn der Film tatsächlich ein universales Medium war, wirklich fähig, alle in seinen Bann zu schlagen, verhieß er auch den Juden, ganz dazuzugehören und den Sonderstatus der Erniedrigung und Beleidigung endlich loszuwerden.

Natürlich standen die Filmjuden[136] untereinander in einem gespannten Verhältnis. Sie waren Konkurrenten. Gleichwohl war jener Universalismus, der bei Laemmle zum Firmennamen wurde, ihre gemeinsame, sie tief verbindende Vision. Unabhängig voneinander hatten sie im Film gewittert, was die Philosophen »Ineinanderfall des Allgemeinen und Besonderen« nennen würden: ihre persönliche Chance wie ihre Mission. Das gab ihrem ungeheuren Einsatz für das neue Medium bei aller Härte ein moralisches Element. Den Film auf seine technische Höhe bringen hieß ihn allen zugänglich machen. Dazu musste er so lang, so seriös, so durchkomponiert sein, dass auch die Mittel- und Oberschicht keinen Anlass mehr hatte, die Nase zu rümpfen. Theaterstücke abfilmen war ein Anfang, aber der Film war dabei noch nicht in seinem Element. Dazu mussten Geschichten her, die seiner technischen Universalität auch inhaltlich entsprachen, die von »Menschen wie du und ich« handelten. Der arme, gedemütigte, diffamierte, aber grundehrliche junge Mann, der sich beherzt und clever wehrt, über seine Widersacher triumphiert und das Mädchen bekommt, das zu ihm gehalten hat; der Siedler im wilden Westen, der gegen intrigante Abenteurer und renitente Indianer mit Mut und Colt die Gerechtigkeit durchsetzt; das unverschuldet in Schwierigkeiten, Versuchung, Zwielicht geratenen jungen Mädchen, das seine Ehre verteidigt und schließlich dem anständigen, wohlhabenden Mann um den Hals fallen darf, der es verdient: das waren sich allmählich herauskristallisierende Handlungsmus-

---

[136] »The movie jews« nennt sie Neal Gabler, ohne dass diese präzise Abkürzung für die im Filmgeschäft tätigen und reüssierenden Juden irgendeinen antisemitischen Beiklang hätte.

ter. Es ist, als hätte Laemmle ihnen bereits das Motto vorangestellt, in jenen frühen Jahren, als er, im Kampf mit Edisons Monopol, seine damalige Firma demonstrativ »IMP« (*Independent Motion Picture Company*) nannte und tatsächlich einen »imp« als Symbol führte: »einen mutwilligen kleinen Kobold, der dem Pomp und der Macht des Trusts die Luft abließ« (S. 63).

Keine Frage, das war ein instinktsicher, wahrscheinlich nicht einmal bewusst gewähltes David-und-Goliath-Symbol: der ungenannte Archetyp, von dem besagte Handlungsmuster bereits Abzüge bilden. Allerdings moderne Abzüge. »David« ist ein männlicher oder weiblicher *nobody*, der im Laufe der Handlung *somebody* wird. Sein Sieg ist Aufstieg, aber stets auch Einstieg: in das amerikanische Universum, das jeden integriert, der sich in redlicher Weise darum bemüht. Warum die Beschwörung solcher Integration gleichsam das jüdische Filmcredo war und was dahinter steckte – das wurde erst relativ spät und zu einer ganz besonderen Gelegenheit im Film selbst einmal preisgegeben: 1927, als die Warner Brothers *The Jazz Singers* herausbrachten, den ersten Tonfilm. Sein plot war geradezu eine Selbstoffenbarung. Kantor Rabinowitz, treu seiner jüdischen Tradition und Gemeinde ergeben, muss erleben, dass sein Sohn nicht sein Nachfolger werden will, dem Judentum absagt und Nachtclubsänger wird. Erst nach vielen Jahren, als er den Vertrag für ein Musical bekommen hat, wagt er sich ums jüdische Neujahrsfest wieder nach Hause, trifft eine liebevolle Mutter, aber einen unversöhnlichen Vater, den das Wiedersehen mit dem verlorenen Sohn derart krank macht, dass er nicht in der Lage ist, am *Jom Kippur*, dem Versöhnungstag, das entsühnende *Kol Nidre* zu singen, wörtlich: *Alles nichtig*, nämlich alle Bindungen, die die Mitglieder der Gemeinde durch gottlose Schwüre, Versprechungen, Verträge, Verpflichtungen eingegangen sind. Prompt wird der Sohn bekniet, für den Vater einzuspringen, der Termin aber kollidiert mit der Premiere des Musicals, das sein großes *coming out* bringen soll. Hin und hergerissen, tritt der Sohn schließlich an den Altar, singt das *Kol Nidre* und macht den *Jom Kippur* auch zum Tag der Versöhnung von Judentum und Showbusiness. Eine Geschichte, in der die Warners ihren eigenen Familienkonflikt dramatisierten, der Broadwaystar Al Jolson, Sohn eines Kantors aus Baltimore, praktisch sich selbst spielte, und so deutlich wie nie zuvor herauskam, wofür die Botschaft von der allseitigen Integration Chiffre war: für gelungene Assimilation. Und das Publikum spielte mit. Es dechiffrierte umgekehrt, nahm gelungene Assimilation als Chiffre für allseitige Integration, sah im plot der *Jazz Singers* nicht ein jüdisches Spezialproblem, sondern seine, die große amerikanische Sache verhandelt. Der Film wurde ein spektakulärer Erfolg (S. 139-145).

Dem Universalphänomen Film den kongenialen universalen Inhalt zu verschaffen, war das eine, was den Filmjuden besonders am Herzen lag. Allmählich aber regte sich noch ein anderes Bedürfnis in ihnen: das nach einem kongenialen Ort für das neue Medium. Eigentlich war es ja egal, wo man Kulissen oder Studios aufbaute, das hohe Maß an Ortsunabhängigkeit eines der Charakteristika des Films. Und die emigrationsgeprüften Juden waren gerade wegen ihrer Mobilität im Filmgeschäft so gut vorangekommen. Anfangs hatten sie denn auch überall zwischen New York und Chicago, wo es irgend erfolgversprechend schien, Filme gezeigt, erworben, produziert. Dann stieß William Selig an die Westküste vor, drehte 1907 in Santa Monica, gründete zwei Jahre später ein Studio in Los Angeles, ein zweites eröffnete D. W. Griffith. Das wirkte wie ein Startschuss. Noch im selben Jahr kamen Majestic, IMP, Vitagraph, Lubin, Kalem und einige mehr. 1910 schließlich, genau in dem Jahr, als rührige Protestanten im Osten *The Fundamentals* lancierten, eröffnete David Horsley das erste Studio in Hollywood. Acht Jahre später, als Louis B. Mayer dort eintraf, geradezu ein Nachzügler, »gab es wohl über siebzig Produktionsgesellschaften in Los Angeles, und über achtzig Prozent der Filme auf der Welt wurden hier gemacht. Der

Hauptköder, der die Produzenten aus dem Osten angezogen hatte, war das Wetter. In Südkalifornien konnte man mitten im Winter draußen drehen, was ein gewaltiger Vorteil war, besonders als Kohleknappheit im Krieg die Energiegewinnung für die riesigen Jupiterlampen erschwerte. Einige waren auch gekommen, um dem langen Arm des Edison Trust zu entkommen, denn es war weit schwieriger, Patente in der relativen Wildnis Kaliforniens durchzusetzen als in den dichten Stadtbezirken New Yorks. Andere kamen, weil es billig und reichlich Boden gab.« (S. 105)

Lauter praktische Motive. Aber es war noch etwas, was gerade Juden an einen Ort zog, »dessen gepflasterte Straßen abrupt mitten in der Stadt endeten und dessen Architektur hauptsächlich aus kleinen Hütten bestand, die von Orangenbäumen und Pfeffersträuchern überwuchert wurden« (S. 104). Hier war die soziale Struktur noch nicht definiert. Hier gab es keine Oberschicht, die Juden den Zugang verwehrte, keine Mittelschicht, die sie mit Ressentiments verfolgte, keine Unterschicht, die ihnen die Arbeitsplätze streitig machte. Hier winkte die einmalige Chance, dass der Film seinen Ort fand, der auch in ganz besonderer Weise ihr Ort war, wo sie die Definitionsmacht hatten, eine dem Film entsprechende soziale Struktur schaffen konnten. Der kometenhafte Aufstieg, der Einstieg in die Gesellschaft, die perfekte Assimilation, alles das, was im Film bloß traumhaft fingiert war, ließ sich hier zugleich als ihre Wirklichkeit zelebrieren. Mayer war der erste, der Hollywood als Ort des Films so wörtlich nahm, dass sogar sein Familienleben wie ein Film ablaufen sollte. »Wie sieht das aus?« war die Standardfrage in seinem Haushalt. Erscheinung war alles; »in Mayers Augen taten Erscheinungen beides, sie reflektierten eine innere Realität und halfen sie schaffen. Es machte keinen Sinn, tugendhaft zu sein, wenn sich die Tugend nicht zeigte.« So verhängte er einen strengen ästhetischen Sittenkodex über die Seinen. »Fingernägel etwa »hatten kurz zu sein und nur mit einem Puffer poliert«. Das Auftragen von rotem Nagellack war Anzeichen »loser Tugend«; »es verkündete die eigene Moral wie das Rauchen einer Zigarette. Sogar der Ton des Lippenstifts und die Höhe der Absätze waren entlarvend.« (S. 106) Als Tochter Edith »Tanz- und Schauspielunterricht genommen hatte und zum Vorsprechen für eine Rolle eingeladen wurde, brüllte Mayer sie missbilligend an. ›Warum gibst du mir denn den ganzen Unterricht?‹, fragte sie ihn. Er antwortete: ›Du bist die beste gottverdammte Schauspielerin, die ich je kennengelernt habe. Und du brauchst das fürs Leben. Merk dir das.‹« Um die ihnen zugedachte Lebensrolle zu spielen, mussten Mayers Töchter perfekt kochen, reiten, Golf spielen, sich stets dezent kleiden, stets lächeln, wenn sie einen Raum betraten, und selbst mit über zwanzig durften sie »nur mit einer Anstandsdame ausgehen«, vorzugsweise mit einer Schauspielerin, »die als vertrauenswürdig galt, weil ihr Vater Rabbi war« (S. 107).

Auch die andern Magnaten waren darauf bedacht, der Öffentlichkeit eine heile, traditionelle Familie vorzuführen. Mayer hatte diese Vorführung nur am virtuosesten dem Ort angemessen, wo sich das ganze Leben um Film drehte und damit selbst Filmcharakter annahm. »Jeder sprach über Filme, zog sich Filme rein und ging unvermeidlich zu Filmpartys. Wenn es einen Vorführraum im Hause eines Produzenten gab, wurden nach dem Abendessen Filme gezeigt.« (S. 249) Um so bemerkenswerter, dass dies neue Leben, das erst der Film ermöglichte, zugleich ein altes Muster kopierte. Es war nämlich »modelliert nach dem der östlichen *High Society*« (S. 250). »Die Männer trugen Zylinder, weiße Krawatte und Frack. Jeder bekam einen guten Anblick von jedem, und wer mit wem zusammen war, und wer sich betrank und wer schrecklich aussah, und die Kolumnen gaben am nächsten Tag brav die langen Listen der wichtigen Namen wieder; und wenn der eigene Name nicht dabei war, rief man die Zeitung an und setzte die Hölle in Bewegung.« (S. 251) Aber wilde Partys? »Ein Potentat, zu Besuch aus Europa, fragte leise, ob er bei einem dieser

Bacchanale mit *starlets and spirits and sex* dabei sein dürfe«, bekam von Mayer prompt eine »Hollywood Party« arrangiert und fand dort »genau jene Art gesetzter, gehobener Angelegenheit vor, die er zu vermeiden gehofft hatte« (S. 250). Und warum dieses Zelebrieren von Konventionalität und Tradition am Ort des größten medialen Fortschritts, warum etwa die aufwendigen Bälle des Mayfair Club, wo alle Filmprominenz in einem mit Brokat ausstaffierten Ballsaal dinierte und tanzte und die Damen gebeten waren, einmal alle in weiß, einmal in rot zu erscheinen? Nun, für ehemalige Laufburschen, Hausierer und Kleinhändler war es eine tiefe Genugtuung, eben die vornehme Gesellschaft darzustellen, von der sie stets ausgeschlossen waren, und zwar mit einem Pomp und Glanz, den diese Gesellschaft in ihren angestammten Kreisen nie gehabt hatte. Die hundertfünfzigprozentige Vornehmheit von Aufsteigern aus der Hinterhauswelt hatte freilich etwas unfreiwillig Komisches. Sie war ungleich viel dicker aufgetragen, als roter Nagellack es je sein konnte, und erinnerte gerade in ihrem Übermaß unwillkürlich an das, was sie vollends vergessen machen sollte.

Zum Aufstieg der Filmjuden hatte gehört, das Elend der eigenen Herkunft zu verneinen. Das Elend verneinen hieß, sich mit allen Kräften aus ihm herauszuarbeiten, die Herkunft verneinen aber, sie zu verleugnen. Laemmle und Zukor etwa, die noch in Europa ins Judentum eingeübt worden waren, haben in den USA nicht nur alsbald aufgehört, koscher zu essen, zu beten und die Synagoge zu besuchen, sondern ihren Kindern auch so gut wie nichts über ihre Herkunft und Jugend erzählt. Wenn du nach deiner Religion gefragt wirst, antworte »jüdisch«, sagte die Mutter dem siebenjährigen Zukor junior wie beiläufig am Tag seiner Einschulung. Er hatte keine Ahnung, was das bedeutete. Viel später entdeckte er unter seines Vaters Sachen eine alte Tasche mit Gebetsriemen, -schal und sonstigem Ritualzubehör. Der Sechzehnjährige hatte sie aus Ungarn mitgebracht. Niemand wusste davon. (S. 13) Sein

Lebtag sprach er mit starkem ungarischen Akzent »das Englisch, das er an der Pelzwerkbank gelernt hatte« (S. 30), legte aber größten Wert darauf, Amerikaner zu sein. Das Land, wo es möglich war, dass aus Filmbildern »Träume für alle« wurden, war sein Land. Und jene Pioniere, denen es gelungen war, die Filmbilder zu Träumen für alle zu machen: hatten die sich nicht in singulärer Weise um ihr Land verdient gemacht? Wenn es denn einen »amerikanischen Traum« gab, waren sie seine Vorträumer. Über alle persönlichen und geschäftlichen Differenzen hinweg einte sie das tiefe Gefühl, die Vorzeige-Amerikaner zu sein.

Was man dabei natürlich nicht zeigen durfte, war seine jüdische Herkunft. Nur die Warner Brothers schafften das nicht ganz. Zu heftig trafen in den beiden Rivalen, Harry und Jack, alte und neue Welt, einbekanntes und verleugnetes Judentum aufeinander. Der Konflikt, den die *Jazz Singers* so traumhaft salomonisch schlichten, durchzog das ganze Firmen- und Familienleben. Laemmle, Fox, Lasky und die meisten andern hingegen versuchten ihr Judentum konsequent zu ignorieren. Bei Harry Cohn, dem Chef von *Columbia*, nahm der Amerikanismus die Form expliziten jüdischen Selbsthasses an. Das Meisterstück aber bot Mayer. Er gab vor, nicht nur nicht mehr zu wissen, wo in Russland er geboren war, sondern auch wann – und beschloss, seinen Geburtstag am 4. Juli zu feiern, dem amerikanischen Nationalfeiertag. Gerade dieser demonstrative Versuch aber, sich eine gleichsam judenreine amerikanische Identität zu geben, liest sich wie das Siegel auf die verleugnete jüdische Herkunft. Da treibt der europäische Antisemitismus arme russische Juden westwärts an die amerikanische Ostküste, ihr Sohn, der ihr ganzes Elend in sich aufsaugt, will nichts als hinaus aus diesem Milieu, der Film öffnet ihm den Weg, führt ihn in kürzester Zeit zu größtem Erfolg und an einen Ort, wo sich, wie von unsichtbarer Hand geführt, lauter Juden, die es nicht sein wollen, treffen, gemeinsam die soziale Struktur definieren und jene Traumwelt, die sie in Filmbildern aufscheinen ließen, als ihre eigene Wirklichkeit vorführen. Da muss man nicht tiefschürfend interpretieren. Die Verleugnung der jüdischen Herkunft hat hier selber jüdische Form angenommen. Sie erweist sich als Exodus *comme il faut*. Die Region um Los Angeles ist sein Palästina, Hollywood sein Jerusalem, Beverly Hills sein Zion. Und auch dass dies nicht gesagt wurde, stand in bester jüdischer Tradition. Verlangte sie nicht, dass man den Namen Gottes nicht ausspricht, dass man *Adonai* (Herr) sagt, wenn man *Jahwe*, den Unaussprechlichen meint? Entsprechend wird Hollywood zum Decknamen fürs neue Traum-Jerusalem des Films.

Wie aber die besten Witze über Juden gewöhnlich Juden machen, so stammt von ihnen auch Hollywoods schönster Spitzname: *Golden Schtetl*. Schtetl, »Städtchen«, ist das jiddische Wort für Ghetto, und Hollywood war der Inbegriff eines Ghettos, nur unter umgekehrten Vorzeichen. Hier wohnten unverhältnismäßig viele Juden relativ dicht beieinander, aber nicht durch Antisemitismus zusammengepfercht, sondern durch große Hoffnungen angezogen. Hier waren sie nicht von Wirtsvölkern geduldet, sondern selber das Wirtsvolk, nicht zu kleinen rückständigen Hinterhausgeschäften genötigt, sondern selber die Geschäfts-*Hautevolée*. Sie gaben den Ton an, sie bestimmten die Umgangsformen. Die aber waren amerikanischer als irgend sonst. Das Schtetl war das *happy end* des Films. Wer immer irgendwo ins Kino ging, hatte daran teil. Der neue Zion war nicht mehr einer, zu dem die Völker wallfahren mussten. Er kam in bewegten Bildern zu ihnen.

»Es ihnen zeigen« kann im Deutschen mehreres heißen: andern etwas vorführen, sichtbar, verständlich machen; ihnen seine Überlegenheit beweisen; ihnen so für erlittene Nichtachtung heimzahlen. In diesem mehrfachen Sinne »zeigten es« die Hollywooder Filmjuden den Amerikanern: zunächst als kleine Filmvorführer in der Hinterhofwelt; dann, indem sie Amerika zeigten, wie im Film sein Traum Realität wird, und schließlich, indem sie diese Realität repräsentierten wie sonst niemand und damit über Amerika, dessen Abschaum sie gewesen waren, triumphierten. In Abwandlung von Huxleys *Animal Farm* könnte man sagen: Alle Amerikaner sind gleich, aber einige sind gleicher als die andern. Diese »Gleicheren« aber waren, indem sie den Traum aller Amerikaner darstellten, besondere Amerikaner. Sie glaubten, den Kunstgriff der perfekten Assimilation gefunden zu haben, indem sie selbst die Regie übernahmen, sich zu ihren Konditionen, zu Filmkonditionen assimilierten: als Vorzeige-Amerikaner. Aber damit waren sie eben auch Musterexemplare. Muster sind so, wie wir alle sein wollen, also sind sie anders als wir. Dieses Musterhafte, Überassimilierte, Überamerikanische ist ihnen denn auch übel vergolten worden. Die antikommunistische Hysterie, die nach dem Zweiten Weltkrieg in den USA ausbrach, zeigte sogleich primitivste antisemitische Färbung. War nicht jeder Jude latenter Kommunist, Hollywood ohnehin stets »voll von Roten« (S. 381) gewesen? Und so kam es, dass hundertfünfzigprozentige Amerikaner wie Mayer, die Warners, die Laemmles, Cohn, Goldwyn und wer sonst noch Rang und Namen hatte, sich vor dem *House Committee on Un-American Activities*[137] verantworten und zum Teil peinlichen Verhören unterziehen mussten: Hatten sie in ihren Firmen oder Filmen kommunistische Umtriebe zugelassen oder unterstützt? Der Antisemitismus, über den sie so traumhaft triumphiert hatten, holte sie hinterrücks ein. Auch wenn letztlich keiner von ihnen ernstlich belangt wurde – eine für immer geschlossen geglaubte Wunde schwärte wieder, und die erneute Demütigung trug das Ihre dazu bei, dass die Gründergeneration des *Golden Schtetl* nun verstärkt auf Rückzug von den Chefsesseln sann. Ihr Lebenswerk war ohnehin getan.

Der Film ist das moderne Assimilationsmedium *par excellence*. Ob überkommene ländliche oder städtische, proletari-

---

[137] Die Pointe ist, dass dieses Komitee 1934 von Samuel Dickstein, einem aus Osteuropa stammenden Juden, zur Untersuchung von Nazi-Propaganda und -Aktivitäten in den USA gegründet worden war.

sche, bürgerliche oder feudale Vergnügungen, ob Jahrmarktspektakel, Schauspiel, Oper, Varieté, Roman: er vermag sie zusammenzuführen. Schon unter formalem Aspekt ist er das Medium der *Universal Pictures*. Aber auch die Inhalte bleiben nicht unberührt. Alles, was in den Film hineingezogen wird, zahlt Eintritt. Possenreißen, Budenzauber, Moritaten verlieren ihre Beschränktheit, Grobheit, Volkstümlichkeit, Dramen, Komödien, Opern ihre sprachliche, dramaturgische, musikalische Komplexität, und alle zusammen ihr spezifisches Eigenleben. Sie gehen alle durch denselben Filter, fließen ineinander und ergeben, was auf englisch *mainstream* heißt. Die Tendenz dahin wohnt dem Film selbst inne. Er bedurfte dazu nicht amerikanischer Juden. Gleichwohl bekam seine Assimilationstendenz durch ihr Assimilationsbedürfnis eine singuläre Verstärkung. Hollywood wurde nur einmal wirklich. Auch in der jungen Sowjetunion stand der Film ja hoch im Kurs. Aber hier wurde eine durchaus andere Tendenz an ihm verstärkt: die Ruckartigkeit, mit der die bewegten Bilder daherkommen, besonders an der Stelle des Bildschnitts, wo eine Bildsequenz abbricht und eine andere anmontiert wird. Die Montage war für Sergej Eisenstein der springende Punkt des Films, »an dem durch Zusammenprall zweier Gegebenheiten ein Gedanke entsteht«,[138] der Punkt, an dem die faszinierende wie erhellende Kraft des Films am größten ist, der Punkt, dem alle dramaturgische Sorgfalt zu widmen war sowie ein kongenialer, aufrüttelnder, die Revolution vorantreibender Inhalt zu entsprechen hatte. »Der sowjetische Film muss auf die Schädel trommeln!« »Ein Kunstwerk, wie wir es verstehen, ist (wenigstens in den beiden Bereichen, in denen ich arbeite – Theater und Film) vor allem ein Traktor, der die Psyche des Zuschauers im Sinne des angestrebten Klassenstandpunktes umpflügt.«[139]

---

[138] S. Eisenstein, in: Berliner Filmkunsthaus Babylon (Hg.), *Film. Auge – Faust – Sprache*. Filmdebatten der 20er Jahre in Sowjetrussland, Berlin, o. J., S. 17

[139] S. Eisenstein, l. c., S. 27

Auch hier diente der Film einem gesamtgesellschaftlichen Traum: dass die vereinigte Arbeitermacht eine von den Zwängen des Kapitalismus freie Gesellschaft aufbauen werde. Der Film stellte diesen Traum vor, aber er war nur Mittel und Antrieb, ihn zu realisieren. Welche Rolle Filme noch spielen würden, wenn der sozialistische Aufbau gelungen sei, kümmerte wenig. Für die amerikanischen Magnaten hingegen war der Film sowohl Medium des Traums als auch Ort seiner Erfüllung. Die Bildschocks wurden nicht eingesetzt, um »auf die Schädel zu trommeln«, sondern um mit sanfter Gewalt in die filmische Traumwelt hineinzuziehen. Die aber konnte nur in dem Maße wirklich werden, wie sich das wirkliche Leben ihr annäherte, und der Ort maximaler Annäherung war – Hollywood. Darin steckte von vornherein etwas tief Resignatives. Keinem der späteren Magnaten, denen in kleinen Hinterhofkinos die Filmbilder wie ein rettender Ausweg aufleuchteten, wäre es im Traum eingefallen, die moderne kapitalistische Vergesellschaftungsform, deren Härte sie hautnah erlebt hatten, grundsätzlich in Frage zu stellen, wie der sowjetische Film es tat. Eine andere, solidarische Gesellschaft? Ja, davon träumten sie, aber nur im Rahmen der bestehenden Vergesellschaftungsform. Die Resignation vor ihr aber war das Erfolgsgeheimnis Hollywoods. Warum die Seelen im Sinne eines Klassenstandpunktes umpflügen, der sich vielleicht nie rentieren würde, statt ihnen den Balsam eines Traums aufzulegen, der ihnen für ein paar selbstvergessene Stunden tatsächlich Linderung und Entspannung brachte? War diese filmische Art von Erfüllung nicht realer als die für den außerfilmischen Sanktnimmerleinstag erträumte? In der Tat, man könnte sie das Realitätsprinzip des Films nennen. Von dessen Sieg zeugt und zehrt bis heute noch jeder Western, jeder Krimi, jeder Horrorstreifen, jede Seifenoper, während der Aufbau jener anderen Gesellschaft, die dem revolutionären sowjetischen Film vorschwebte, längst gescheitert ist.

Um so dringlicher die Frage: Warum sind gerade Juden, von denen eine jahrhundertealte Überlieferung verlangt, sich »kein Bildnis« zu machen, in so ungewöhnlicher Weise aufs Filmbild geflogen? Haben sie das Bilderverbot missachtet? Auf den ersten Blick ja. Doch was heißt »Bild«? Kann von Bild nicht nur so lange die Rede sein, wie es *etwas* abbildet, repräsentiert – eine von ihm unterschiedene Sache? Wird aber das Bild zur Sache selbst, dann hört es auf, Bild zu sein. Die Extreme berühren sich. Wo der Verstoß gegen das Bilderverbot am größten wird, schlägt er in Befolgung um. Gerade dass so überproportional viele Juden unabhängig voneinander das Filmbild als rettende Verheißung wahrnahmen, legt nahe, dass ihnen darin etwas aus frühster Kindheit Vertrautes aufschien, nämlich zwei der innersten Eigenschaften Jahwes: das jäh Zustoßende, das sich als Bildschock an jeder Schnittstelle des Films wiederholt, und das über alle Greifbarkeit Erhabene. »Bild« im Sinne des Alten Testaments: das war das goldene Kalb, das bullige, greifbare, verfügbare Standbild. Gemessen daran war das Filmbild eigentlich schon kein Bild mehr, gelang ihm doch mit technischer Kraft im Handstreich, wozu alle avantgardistische Intellektualität und Kunstfertigkeit nicht ausgereicht hatte: dass das Bild sich zur Sache selbst läutert, mit unmittelbarer ätherischer Gewalt ein Massenpublikum ergreift und seine Seelen auf gleicher Wellenlänge in Schwingungen versetzt. Die ganzen verstiegenen Vorstellungen vom Weltäther, der durch feinste Vibrationen neue Standards zwischenmenschlicher Kommunikation schafft, wurden im Filmbild mit einem Schlag realitätstüchtig. Freilich auf eine Weise, die den Avantgardisten die Haare zu Berge stehen ließ. So hatten sie die Überwindung herkömmlicher Farben, Formen und Töne nicht gemeint. Hollywood war für sie der Ausverkauf des »Geistigen in der Kunst«. Aber war die falsche Realisierung ihrer feinen ätherischen Vorstellungen, die dort stattfand, nicht die einzig mögliche?

Zumindest eine ungemein erfolgreiche. Die Bilder, die da hoch flüchtig über die Leinwand huschten, waren zugleich unendlich viel mehr als Bilder: wirkliche ätherische Macht, die aus der modernen Knechtschaft Ägyptens, will sagen der Demütigung der Hinterhäuser, ins gelobte Land des Realtraums führte. Dieser Macht hatten sich die Filmjuden instinktsicher anvertraut. Sie stellten sie glanzvoll dar und verhalfen ihr zu einer Durchsetzung ohnegleichen. Und so kam es, dass ausgerechnet Juden zu Pionieren des modernen Bildkults wurden, wie ihre zionistischen Brüder zu Pionieren des modernen Erdkults: durch Desymbolisierung. Den empirischen Boden Palästinas selbst für das gelobte Land nehmen, für das er bloß das Symbol sein kann: das war das ebenso Stimulierende wie Kurzschlüssige in der zionistischen Bewegung. Filmbilder nehmen, als seien sie selbst schon das gelobte Land: das war der analoge Kunstgriff Hollywoods. Solche Bilder werden unsymbolisch. Sie verlieren jenen ideellen Überschuss, der, wie Goethe so schön sagt, »im Bild immer unendlich wirksam und unerreichbar bleibt und, selbst in allen Sprachen ausgesprochen, doch unaussprechlich bliebe«. Sie hören auf, für anderes zu stehen, stellen sich selbst dar, erschöpfen sich in sich selbst, werden selbst zu dem, was Aufmerksamkeit und libidinöse Energie auf sich zieht. Kurzum, sie werden in genauem psychologischen wie theologischen Sinn zu Fetischen – mit all den zweifelhaften Implikationen, die dies Wort enthält. Eigentlich heißt das portugiesische *feitiço* ja bloß Machwerk. Es soll den Widersinn ausdrücken, dass Menschen sich ein Bild, eine Statue formen und sie hernach als Gottheit anbeten, als wüssten sie nicht, dass sie selbst sich dies Ding zurechtgemacht haben. Fetischismus ist Glaube wider besseren Wissens – auch unter psychoanalytischem Aspekt. Wer ein Schnupftüchlein behandelt, als wäre es ein Kultobjekt, hört deshalb nicht auf, zu wissen, dass es bloß ein Schnupftüchlein ist – und verhält sich gleichwohl, als wüsste er es nicht.

Fetischismus ist uralt. Erst wenn eine aufgeklärte, hoch technisierte Welt ihn neu hervortreibt, wird er fundamentalistisch. Das ist im Film auf nachhaltige Weise geschehen. Dabei sind auch Filmbilder zunächst einmal bloß Abbildungen von Personen, Dingen, Bewegungen. Fetischcharakter bekommen sie erst in dem Moment, wo sie das Ansehen des Realtraums gewinnen, wo es ihnen gelingt, kollektive Wünsche so in realitätstüchtige Alltagsbilder, in Aufstiegs- und Assimilationsgeschichten zu übersetzen, dass sich darin das ganze Traumpotential einer Gesellschaft schematisiert, formatiert, objektiviert – so dass jeder mitträumen und die geträumte Assimilation sich in der Traumgemeinschaft wirklich vollziehen kann. Doch der Realtraum des Films, den Hollywood verkörpert, ist desymbolisierter Traum – bloß noch manifester Trauminhalt, ohne dass es noch den Stimulus oder Überschuss eines latenten Traumgedankens dahinter gäbe. An diesem Traum gibt es nichts Nennenswertes mehr zu deuten. Er ist, was er darstellt, und gibt zu verstehen, dass mehr nirgends auf der Welt zu erwarten ist. Er leistet in nie gekanntem Maße Wunscherfüllung – und stutzt alles Wünschen auf seine Standards zurecht. Aller Traum soll amerikanischer Traum sein, alles Glück *american way of life*, alle Erfüllung Unterhaltung, Hollywood das Traum-Jerusalem. »Was darüber ist, ist vom Bösen.«[140]

Als geographischer Ort hat Hollywood längst abgewirtschaftet. Um so allgegenwärtiger sind die filmischen Standards, die es einst gesetzt hat. Sie hören nicht auf, Maßstab zu sein. Wenn von Experimental-, Essay-, Dokumentarfilm die Rede ist oder vom neuen, jungen, kritischen Filmtypus aus diesem oder jenem Land, dann schwingt immer ein »non Hollywood« mit – womit Hollywood nach wie vor den Status eines Grundmusters hat, auf das man sich selbst dann noch beziehen muss, wenn man klarstellen will, wie sehr man davon abweicht. Vielleicht feiert Hollywood seinen vollen Triumph erst posthum: nachdem mehrere Generationen in der Allgegenwart von Film, Fernseh- und Reklamebildern aufgewachsen

[140] Matth 5, 37

und auch die halbwegs Gebildeten unter ihren Verächtern von Kind auf derart in ihre Standards eingeübt wurden, dass die Stoffe, Bilder, Redensarten des audiovisuellen Unterhaltungsuniversums und ihre Art, sich zu präsentieren und Aufmerksamkeit zu heischen, gleichsam ins Grundwasser der menschlichen Kommunikation eingedrungen und zu Bestandteilen eines globalen Codes geworden sind, ohne den in der modernen Welt auf Dauer keine Verständigung mehr möglich ist – mit einschneidenden politischen, ökonomischen, existenziellen Folgen. Wer besagte Standards nicht in sich aufsaugt, verödet, vereinsamt, wird unfähig zu verhandeln, seine Interessen durchzusetzen, Politik zu machen, seine Arbeitskraft zu verkaufen – geht unter. Das sichere Gespür für diese Übermacht greift auch in der nicht-westlichen Welt um sich und zeitigt bizarre Formen dessen, was in der Psychoanalyse »Identifizierung mit dem Angreifer«[141] heißt. Hass auf die USA als die Repräsentanten der globalen nihilistischen Unterhaltungskultur bei gleichzeitiger Sehnsucht nach McDonalds, Coca-Cola oder Nike sind im arabischen Raum keine Seltenheit mehr.

Freilich erschließt sich die volle Bedeutung von Hollywood erst, wenn man diesen Namen als Kryptogramm für Jerusalem, als Fluchtpunkt der jüdischen Religionsgeschichte – als Punkt ihrer äußersten Selbstverleugnung begreift. Nur war die Selbstverleugnung nicht perfekt. Wie die Filmjuden die Spuren ihrer Herkunft beim Versuch, sie vollends zu verwischen, noch einmal nachgezeichnet haben, so ist in ihrer angestrengten Verleugnung all dessen, was über das Unterhaltungsuniversum der kapitalistischen Gesellschaft hinausweist, ein Rückstand des Verleugneten geblieben. Man kann den Gedanken des gelobten Landes nicht auf das Niveau des amerikanischen *pursuit of happiness* herunterbringen, ohne ihn gleichwohl zu erinnern, und sei es auch nur im Modus der Verneinung: als dasjenige, wovon man nichts mehr wissen will. Die Filmbilder des ame-

---

[141] A. Freud, *Das Ich und die Abwehrmechanismen*, London 1952, S. 125

rikanischen Realtraums sind solche Verneinungen: Deckbilder eines bis aufs äußerste verleugneten jüdischen Exodus. Und genau das macht ihren Fetischcharakter aus. Fetische sind Chiffren, Surrogate, die nicht verraten wollen, wovon, aber libidinös besetzt werden, als seien sie das Unbedingte.

Der spezifische Bildfetischismus, der von Hollywood ausging, kommt in keiner Religionsgeschichte vor. Verständlich, denn hier fand gar kein theologischer Diskurs statt, hier vollzog sich Bejahung, Anbetung, Kult subtextuell: unterhalb des Niveaus der Begriffe, Ideen, Argumente, in der ästhetisch-physiologischen Sphäre des Wahrnehmungs- und Empfindungshaushalts. Niemand nahm die Bilder als Fetische ernst, niemand konnte absehen, welche Macht ihnen zuwachsen würde, wenn die Schemata des filmischen Realtraums sich zu Schemata allgemeiner Realitätserfassung sedimentieren würden. Erst im Rückblick zeigt sich die Tragweite dieses vorbegrifflichen Schematismus. Die fetischistische Tiefenwirkung der Filmbilder wird offenbar – nicht erst durch ihren »manifesten Trauminhalt«, schon durch die Art und Weise ihrer physischen Präsenz. Wo bewegte Bilder flimmern, verblasst alles um sie herum. Sie saugen die Aufmerksamkeit an wie nichts sonst. Aufmerksamkeit aber ist »das natürliche Gebet der Seele«.[142] Und der Fetischcharakter der Filmbilder lässt dieses »Gebet« auch dort funktionieren, wo es als Gebet gar nicht gewusst wird, ja sogar wider besseres Wissen. Man weiß doch, dass dieser Schwarm hoch flüchtiger Bilder nichts Anbetungswürdiges ist, sondern bloß ein Produkt menschlicher Technik. Gleichwohl wird er weltweit heilig *gehalten* – durch erpresste Aufmerksamkeit. Die ist geradezu ein Prototyp des umgekehrten Fundamentalismus, hört auch in Ermangelung jeglichen seriösen Glaubensgrunds nicht auf, zu glauben und zu beten – eher aus physiologischer Nötigung als aus Überzeugung, auf

---

[142] W. Benjamin, *Franz Kafka*, Ges. Schriften (ed. R. Tiedemann / H. Schweppenhäuser), Bd. II. 2, Frankfurt am Main 1977, S. 432. Benjamin schreibt diesen Gedanken – ohne Beleg – Malebranche zu.

Trab gehalten durch jenes ruckartige »Hierhergesehen«, das sich dem Auge bei jedem Bildschnitt aufdrängt. Das wirkt wie eine optische Injektion, wie wenn der Organismus angefixt würde. Und tatsächlich, die unablässige Wiederholung dieses Rucks stumpft auch ab, lässt alsbald nach höheren Injektionsdosen verlangen. Bewegte Bilder sind virtuell Suchtstoffe. Sucht aber ist Haltsuchen bei etwas, wovon man weiß, dass es keinen Halt gibt: ein physiologischer »Glaube« unterhalb der Ebene von Gedanken, Begriffen, Bekenntnissen, der sich an einen Stoff, einen Halt, ein Fundament klammert, deren Flüchtigkeit er gleichwohl verspürt.[143] Filmbilder sind ein flüchtiges Absolutes – ungreifbar und jäh hervorschießend wie Jahwe, und doch bloß nichtiges Gaukelspiel. Allerdings gehen dessen Nichtigkeiten in zahllosen kleinen Schocks und Injektionen beständig unter die Haut. Dadurch dringt der Fundamentalismus immer mehr in jene physiologische Tiefenschicht vor, aus der die Letztbegründung einst aufgestiegen ist. Von dieser Schicht absehen hieße den gesamten Unterbau des Fundamentalismus ignorieren.

---

[143] Nicht von ungefähr ist Sucht – im Unterschied zu Rausch – erst ein neuzeitliches Phänomen. Zum Verhältnis von Fundamentalismus und Sucht cf. C. Türcke, *Erregte Gesellschaft*, l. c., S. 241 ff., S. 253 ff.

7. Kehrreim des Fundamentalismus

Zum Fundamentalismus gehört seine Umkehrung. Er zeigt sich nicht nur dort, wo altehrwürdigen Hochreligionen die Fundamente wegbrechen, die jahrtausendelang eine ganze Gesellschaft konstituiert hatten und nun um so heftiger beschworen werden, je weniger sie halten. Vielmehr nimmt er dort, wo »die ununterbrochene Erschütterung aller gesellschaftlichen Zustände, die ewige Unsicherheit und Bewegung« um sich greift, wo »[a]lle festen eingerosteten Verhältnisse mit ihrem Gefolge von altehrwürdigen Vorstellungen und Anschauungen aufgelöst« werden, »alle neu gebildeten veralten, ehe sie verknöchern können«, »[a]lles Ständische und Stehende verdampft, alles Heilige entweiht«[144] wird, gerade den entgegengesetzten Weg. Er lädt Objekte mit Heiligkeit auf, deren profaner, ja trivialer Status offensichtlich ist. Der Zionismus ist ja nicht einfach eine Rückkehr zum Erdkult aus der Zeit der Verehrung der Großen Mutter. Der Erdkult ist hier vielmehr aus einer profanen politischen Bewegung herausgewachsen, die nichts wollte als für ein zerstreutes, verfolgtes Volk eine »gesicherte Heimstätte«. Als Kult manifestiert er sich durch die Tat, durch libidinöse, politische und militärische Besetzung palästinensischen Bodens, aber nicht durch religiöse Doktrin, und er wird von Leuten mitvollzogen, die sich für atheistisch, agnostisch oder religiös indifferent halten. Mehr noch: An der Wende zum 21. Jahrhundert, wo die Verpflanzung ganzer Produktions-

---

[144] K. Marx / F. Engels, *Manifest der Kommunistischen Partei*, l. c., S. 465

zweige und Infrastrukturen in andere Erdteile zum Wirtschaftsalltag gehört, e-mails überall abgerufen werden können und die erste Frage am Telefon nicht mehr »wie geht's«, sondern »wo bist du« lautet, bekommt der Erdkult unversehens das Ansehen der Suche nach einer haltgebenden Immobilie in einer mobilen Welt. Er wird hochmodern. Die jüdische Diaspora beginnt sich auszunehmen wie ein welthistorisches Vorspiel. Es ist, als nähme sie jene globale Bodenlosigkeit vorweg, die dem »flexiblen Menschen« in der *high-tech*-Welt erst noch blüht und den längst erledigt geglaubten Erdkult auf einmal als Rettungsanker erscheinen lässt: die gesicherte Scholle als letzten Grund.

Jedenfalls ist der Zionismus eher ein Pionier als ein Ausläufer des neuen Erdkults. Nicht zu leugnen, dass seine Besetzung palästinensischen Bodens die Erdkult-Neigung der dort Ansässigen so verstärkt hat, dass Palästina bis auf weiteres geradezu abonniert darauf ist, ein Dauerbrennpunkt der Weltöffentlichkeit zu sein. Weil auf seinem Boden der Staat Israel errichtet ist, der als »gesicherte Heimstätte« für alle Juden gedacht war, der die weltweite Diaspora sowohl negiert als auch repräsentiert, der also wie kein anderer Staat gleichermaßen partikular und global ist, und eine Stadt als sein Nervenzentrum erachtet, die auch für Christentum und Islam zentral ist, ist nur allzu wahr, was Bernard Wasserstein sagt: »Die Auseinandersetzung um die heilige Stadt ist ein Mikrokosmos größerer, globaler Konflikte und birgt selbst wiederum eine, wie es scheint, endlose Reihe von immer kleiner werdenden Zänkereien.«[145] Wie da herauszukommen sei, solange die libidinöse Besetzung Jerusalems, in der Juden, Moslems und Christen einig sind, sich wechselseitig verstärkt und die gegenseitige Verletzung und Verhärtung zwischen Israelis und Palästinensern zunimmt, ist nicht abzusehen. Nichts drückt die fundamentalistische Ver-

---

[145] B. Wasserstein, *Jerusalem.* Der Kampf um die heilige Stadt, München 2002, S. 12

fahrenheit der Situation besser aus als die Utopie, die, auf der Grenze zwischen Verzweiflung und Satire, Joshua Sobol in seinem Theaterstück *Die Krokodile* entworfen hat: Erst wenn die libidinöse Energie, mit der beide Seiten den Boden und seine heiligen Stätten besetzt haben, völlig erschöpft ist, wenn der Erdkult sie restlos ausgelaugt hat, wenn die Gegner als invalide, müde Gestalten, die nichts mehr erregen, nichts mehr stimulieren kann, zusammenkommen, wird Friede sein – also wenn der Nihilismus, der im fundamentalistischen Erdkult angestrengt verleugnet wurde, endlich offenbar geworden ist. Eine an Beckett erinnernde *Endspiel*-Szenerie als Bild der Versöhnung ...

Der hollywoodistische Bildkult ist das Gegenstück zum zionistischen Erdkult. Er feiert ja nicht die Rückkehr zum goldenen Kalb oder zum Marienbildnis. Vielmehr erzeugen Filmbilder von ganz profanen, alltäglichen Objekten, von denen jeder weiß, dass sie nichts »Höheres« darstellen, allein durch ihre Geschwindigkeit, Ruckartigkeit und Verbreitung eine nie gekannte Aufmerksamkeit, eine geradezu physiologische Andacht, gegen die sich das Auge nur schwer wehren kann. Jeder Bildschock schießt ein »Hierhergesehen« aufs Sensorium ab und konzentriert es für einen Augenblick, aber die permanente Konzentration durch zahllose winzige Schocks zermürbt auch, sie produziert ihr eigenes Gegenteil: Zerstreuung.[146] An ihr tut sich eine ähnliche utopische Perspektive auf wie an Sobols Krokodilen: dass erst Sensorien, die derart ausgelaugt sind, dass kein Bildschock sie mehr zu konzentrieren oder erregen vermag, den Bildkult loswerden. Vorerst freilich sind beide in voller Kraft, Erdkult wie Bildkult, und Hollywood erweist sich in mehrfachem Sinne als Gegenstück Jerusalems. Als modernes Traum-Jerusalem ist es auf seine Weise Negation und Repräsentant der Diaspora: der Ort, wo die Assimilation des Judentums an die moderne Welt triumphal gelin-

---

[146] Zur Produktion »konzentrierter Zerstreuung« ausführlich C. Türcke, *Erregte Gesellschaft*, l. c., S. 271 ff.

gen sollte – im Medium des bewegten Bildes. Aber der Tanz ums bewegte Bild ist an den geographischen Ort Hollywood nicht gebunden; einmal in der Welt, kann der dort zelebrierte Bildkult weltweit diffundieren, was er »im Zeitalter seiner technischen Reproduzierbarkeit« (Benjamin) längst getan hat. Er ist in eine globale Diaspora gegangen, deren vornehmste Insignien Fernsehen und Internet heißen. Er erinnert an Hollywood, wie die beim Passahmahl Versammelten sich Jerusalems erinnern – ohne ernstliches Verlangen, sich physisch dorthin zu begeben.

So sind mit den Namen Hollywood und Jerusalem zwei Dauerherde der Weltaufmerksamkeit und -unruhe bezeichnet, eine Vergangenheit, die nicht vergeht. Es ist nicht von ungefähr, dass beide engstens mit dem Judentum verknüpft sind. Natürlich zeugen sie nicht von jüdischer Weltverschwörung, wohl aber davon, wie die Verschworenheit des Christentums gegen die Juden in die Konstitution der modernen kapitalistischen Gesellschaft eingegangen ist – verwässert und vertieft zu einem dumpfen Ressentiment, gegen das Juden in singulärer Weise Abwehrkräfte zu mobilisieren wussten. Es der Welt zeigen, mit ihren Mitteln über sie triumphieren: das war schon das Motiv, als Herzl und den Seinen der Judenstaat vorschwebte – ein Staat wie alle andern, und doch der Musterstaat, auf den die Welt schaut. Und es war erst recht das Motiv des *Golden Schtetl*. Aber so gewiss der dort entfesselte Bildkult jüdische Spuren trägt, so gewiss sind diese Spuren zugleich Wundmale des Antisemitismus. Er ist es, der sich darin reflektiert. Der zionistische Erdkult und der hollywoodistische Bildkult sind seine beiden großen Brennspiegel.

Die Umkehrung des Fundamentalismus, die in ihnen stattfindet, jene Vergötzung profaner Dinge, von denen jeder weiß, dass sie nicht heilig sind und die gleichwohl heilig gehalten werden, repräsentiert aufs Exponierteste einen Grundzug der kapitalistischen Gesellschaft. Wie konnte der profane Markt es schaffen, »alles Ständische und Stehende verdampfen« zu lassen, »alles Heilige zu entweihen«? Dadurch, dass er zum Arbeitsmarkt expandierte, nicht nur alle möglichen Gebrauchsgüter, sondern auch die menschlichen Arbeitskräfte in Waren verwandelte – und damit von einer bloßen Handelsinstanz zur zentralen Vergesellschaftungsinstanz aufstieg: in den Rang einer Schicksalsmacht, die Kaufen und Verkaufen als den Endzweck, den Sinn menschlichen Daseins erscheinen lässt und, ähnlich unberechenbar wie ein calvinistischer Gott, des einen Arbeitskraft annimmt, die des andern verwirft. Arbeitslose erleiden mit dem Lohnausfall zugleich die Sanktion des Markts: dass eine unverkäufliche Arbeitskraft, wie jede brachliegende Ware, ihre Bestimmung verfehlt. Durch noch so gutes Zureden kann man ihnen das Gefühl ihrer Minderwertigkeit nicht ganz nehmen. Sie wissen, dass der Markt kein Gott ist – und empfinden doch anders. Ihr Unglaube an die Heiligkeit des Markts ist von Glauben unterlaufen – wie umgekehrt das christliche Credo von Unglauben. Hinter den fundamentalistischen Scheuklappen des Glaubens lugt Nihilismus hervor, während dieser Nihilismus selbst fundamentalistische Züge annimmt.

Es ist diese Gleichzeitigkeit des Entgegengesetzten, diese Umkehrung des Fundamentalismus in sich selbst, die ihn zu einem so bewegten Phänomen macht. Seine Unschärfe gehört zu seinem Charakter. Nicht nur ist er, kaum dass er in der Welt war, »weich« geworden, um sich nach Bedarf wieder zu verhärten; er ist auch sogleich über die Ufer des Christentums getreten und fand sich alsbald in anderen Hochreligionen, in Okkultismus und Spiritismus, in neuen Formen des Erd- und Bildkults. Die Unschärfe des Phänomens hat auch den Begriff Fundamentalismus unscharf gemacht. Längst ist neben religiösem von ästhetischem, politischem, ökologischem Fundamentalismus die Rede – und solche begriffliche Vielfalt durchaus legitim, solange sie das entscheidende fundamentalistische Doppelmerkmal festhält: das Sich-Versteifen auf ein offenkundig erschüttertes Fundament beziehungsweise das Vergötzen von Profanem, dessen Unheiligkeit evident ist.

Wird aber der Fundamentalismusbegriff derart formalisiert, dass er nur noch das Festhalten an irgendetwas Grundsätzlichem, egal woran, bedeutet, dann kommen politisch korrekte Definitionen wie diese heraus: »Der Fundamentalismus setzt an die Stelle des Zweifels und der generellen Ungewissheit ein absolutes Wissen, das allem vernünftigen Zweifel enthoben wird. An die Stelle des prinzipiell unabschließbaren und für alle Argumente offenen Diskurses, der die Wissensform der Moderne ist, tritt ein zum festen Fundament allen weiteren Fragens, Wissens und Handelns dogmatisiertes absolutes Wissen, das der wissenschaftlichen Prüfung und der relativierenden offentlichen Debatte entzogen wird.«[147] Und schon erscheint die »Wissensform der Moderne«, will sagen der Zweifel an all und jedem, die unablässige Erschütterung aller Gewissheiten und Überzeugungen durch öffentliche Debatte, als sei sie der über alle Zweifel erhabene Vergewisserungsmodus. Jede Art von Unbeirrbarkeit wird des Dogmatismus verdächtig – und zweierlei vermengt, was sorgsam zu unterscheiden wäre: fundamentalistisch und fundiert. Es gibt nun einmal unwiderlegliche Einsichten. Gegen die Winkelsumme des Dreiecks richtet keine relativierende Debatte etwas aus. Und erschütterte Gewissheiten, die sich gegen alle inneren und äußeren Zweifel abzuschirmen versuchen, sind durchaus etwas anderes als erschütternde Gewissheiten, die sich aufdrängen, ob sie auch zum Verzweifeln sind. Dass die moderne Gesellschaft von einer Umwälzungsdynamik bestimmt ist, die weltweit Menschen wie Dinge auf den Markt wirft, permanent zu technischer Neuerung und Rationalisierung der Arbeitsprozesse zwingt, ständig wachsende Auslaugung der Naturressourcen verlangt, durch Überproduktion von Reichtum systematisch Armut erzeugt und selbst Demokratie und Menschenrechte zu derart konjunkturabhängigen Erscheinun-

---

[147] Th. Meyer, *Fundamentalismus*. Aufstand gegen die Moderne, Reinbek 1989, S. 161

gen macht, dass in Krisenzeiten durch sie niemand vor Arbeitslosigkeit, Hunger und Atomstrahlung geschützt ist – wie schön wär's, wenn das nicht wahr wäre, behebbar durch fortschreitende globale Vernetzung oder wegzudiskutieren durch die Kraft »der wissenschaftlichen Prüfung und der relativierenden öffentlichen Debatte«.

Diese Art erschütternder Gewissheit, die die Grundlagen der bestehenden globalen Vergesellschaftungsform nicht ausblendet, also die Fundamentalismus bildenden Kräfte gerade an der Wurzel angreift, firmiert im gängigen Sprachgebrauch als erzfundamentalistisch, einfach bloß, weil sie auf Grundsätzlichem beharrt, während der moderne Bildkult unter »Fundamentalismus« erst gar nicht vorkommt. Dabei ist sein totalitärer Zug offensichtlich. Was für Firmen schon seit langem gilt – dass sie massenmedial präsent sein, Bilder, Logos, Reklame senden müssen, um in der Konkurrenz nicht unterzugehen – wird unter neoliberalen Bedingungen, wo sich auch Individuen wie Firmen organisieren müssen und Politik mehr denn je über mediale Präsenz gemacht wird, zu einer allgemeinen existenziellen Nötigung: zum »Sendezwang«[148]. Jede Mitteilung, jedes Kommando von gesellschaftlicher Relevanz geht durch den Äther, wird Bild – oder war eben nicht relevant.

Dass gegen die flüchtige, eigentlich nichtige, aber allgegenwärtige Sende- und Bildmacht, die da am Werk ist, alles, was bis anhin »Gott« oder »Allah« hieß, nicht aufkommt – das ist die geheime Furcht, die dem Angriff vom 11. September 2001 zugrunde lag. An diesem Tag wurde in unerhörter Weise die Flucht vor dieser Macht angetreten – die Flucht nach vorn. Die geheime Furcht sollte öffentlich falsifiziert werden, Allah über das Unterhaltungsimperium triumphieren. Die Intention war, den Amerikanern und all ihren bildsüchtigen Verbündeten ihren Bildkult zu einem ungeheuren Bumerang zu biegen, ihnen den realen Zusammenbruch ihrer Weltkirchtürme mit

---

[148] C. Türcke, *Erregte Gesellschaft*, l. c., S. 38 ff.

Tausenden von wirklichen Toten und unabsehbaren Folgen für Ökonomie und Strategie als ein Spektakel vorzuführen, von dem Hollywood nur träumen könnte. Wie aber konnte der Hass so tief sitzen, einen derart langen Atem bescheren, dass er sich in einen Plan übersetzte, der auf viele Jahre angelegt war, eine ganze Ingenieurs- und Flugausbildung einschloss – einzig für den großen Augenblick, ins *World Trade Center* zu rasen? Fanatismus mit suizidaler Disposition? Gewiss, nur bleibt das eine psychologische Phrase, wenn nicht mitgedacht wird, wie Fanatismus entsteht. Was ihm verhasst ist, pflegt ihm näher und ähnlicher zu sein, als er wahr haben darf. So auch hier. Die nihilistische Gewalt, mit der der Kapitalismus in die arabische Welt eindrang, war zweifellos tief verletzend und fremd. Aber nicht nur. Das Eindringende hatte, in all seiner Fremdheit und Dekadenz, auch etwas unheimlich Vertrautes: die Aura der Siegerreligion. Im tief Verhassten strahlte auch ein geheimes Wunschbild. Der expandierende Bildkult des nihilistischen westlichen Unterhaltungsimperiums stellt dies Wunschbild in allen erdenklichen Variationen dar. Er führt dem islamischen Fundamentalismus täglich eindringlicher vor Augen, was tief in ihm selbst rumort.

Das beste Mittel, um den inneren Feind zu betäuben, ist der Kampf gegen den äußeren. Das gilt für die Außenpolitik ebenso wie für den privaten Seelenhaushalt. Am 11. September 2001 verbanden sich beide aufs Brisanteste. Um das nihilistische Wunschbild im eigenen Inneren nicht hochkommen zu lassen, stürzten sich die Attentäter in die *Twin Towers*. Ein spektakulärer *Clash of Cultures*. Doch dass es dazu kam, lag weniger an der Verschiedenheit amerikanischer und arabischer Kultur als an dem Gemeinsamen in beiden. Die Pointe an diesem *clash* ist das Kulturübergreifende. Der Weltfundamentalismus stieß mit sich selbst zusammen. Er stürzte sich in sein Spiegelbild, das er nicht ertragen konnte. Narziss als Märtyrer. So suchte er sich und der Welt höchste Sicherheit zu beweisen. Wofür man derart sein Leben gibt, das *kann* nur das Gewisseste, Höchste, am Ende Siegreiche sein. Doch das Triumphfest für Allah machte gerade weltöffentlich, was es verleugnen sollte. Es war eine nihilistische Demonstration ersten Ranges. *Fiat deus, pereat mundus.*

Im vormodernen Zeitalter war Atheismus lebensgefährlich. Heute ist er es nur noch in fundamentalistisch verhärteten Weltgegenden, und selbst wo er ein hohes Maß an Zivilcourage verlangt, erfordert er keinen intellektuellen Mut mehr; man muss seine längst bekannten Argumente bloß nachsprechen. Atheismus gegenüber dem nihilistischen Bildgott ist viel ungefährlicher, aber unendlich zermürbend. Argumente verfangen nicht. Jeder Nachweis, dass dieser Gott keiner ist, macht sich lächerlich. Er rennt offene Türen ein. Hier hilft nicht Argument gegen Argument, allenfalls Aufmerksamkeitsfang gegen Aufmerksamkeitsfang, sozusagen ein ästhetischer Atheismus. Den darf man überall dort am Werk sehen, wo das kritische Erbe der modernen Kunst – eingeschliffene Wahrnehmungsweisen durch produktive Irritationen aufbrechen – sich fortentwickelt, in politische Aktionsformen und Diskurse eindringt und jene neue Mischung von Kunst, Event und Demonstration entsteht, an der Künstler wie Nicht-Regierungsorganisationen von sehr verschiedenen Ausgangspunkten aus arbeiten.[149] Allerdings gehören die beiden Atheismen nicht minder zusammen als biblischer Gott und Bildgott, Fundamentalismus und Nihilismus. Wie es wohlfeil und ignorant gegen den nihilistischen Waren- und Bildkult der kapitalistischen Gesellschaft ist, wenn

---

[149] Nicht, dass diese Mischung schon gelungen wäre. Aber ohne an ihr mitzumischen und von ihr zu zehren, kann kritisches Denken und Handeln kaum mehr den nötigen Mindestnachdruck gewinnen. Mehr denn je gehört zu einem kritischen Eingriff, dass es ihm gelingt, eine komplexe politische Situation ruckartig zu einem sinnlichen Stenogramm zu verdichten – so wie geschehen, als Greenpeace die demonstrative Rückführung von heimlich abgeschobenem Atommüll ins Verursacherland veranstaltete oder Hans Haacke auf dem Münchner Königsplatz Fahnen mit den Namen der deutschen Firmen flattern ließ, die in die Waffenprogramme des Irak verwickelt waren.

man sich damit begnügt, die Existenz des Gottes Abrahams, Jesu oder Mohammeds zu leugnen, so ist es abgeschmackt, den modernen Gesellschaftsprozess als Tanz ums goldene Kalb zu geißeln und dann »Gott« als Retter anzupreisen.

In den 60er Jahren erschien Max Horkheimer die Alternative Theismus-Atheismus »nicht mehr aktuell«. Der Atheismus, einst ein Zeugnis großer europäischer Aufklärung, habe längst das Kind mit dem Bade, mit dem Theismus auch dessen humane Errungenschaften ausgeschüttet; er sei zum prinzipienlosen Schielen nach »der je stärkeren Macht«[150] geworden – nihilistisch. Wenn es jedoch stimmt, dass unter modernen Bedingungen aller Theismus einen fundamentalistischen Stich bekommen hat, Fundamentalismus aber zuinnerst nihilistisch ist, dann gewinnt Atheismus neue Bedeutung. Er richtet sich ebenso gegen den Nihilismus wie gegen den Fundamentalismus – als die einzig kritische Zusammenschau beider. In solchem Atheismus ist die Vorstellung Gottes am besten aufgehoben. Er verabschiedet jeden »letzten Grund« als Fiktion, aber er nimmt ernst, was dieser Fiktion zugrunde liegt: ein letzter Wunsch. In Nietzsches unüberbotenen Worten lautet er: »Weh spricht: Vergeh! Doch alle Lust will Ewigkeit«.[151] Dieser zutiefst kreatürlich-menschliche Wunsch ragt über alles Menschenmögliche hinaus. Erfüllen könnte ihn nur ein allmächtiger, gütiger Gott – auch wenn es ihn nicht gibt. Wo immer aus der Fiktion des letzten Grundes humane Kräfte geflossen sind, Recht und Gesetz, Gnade und Mitleid, Freiheit und Gleichheit, Mut und Besonnenheit, da geschah es im Namen des letzten Wunsches. Humane Errungenschaften sind jederzeit wieder verlierbar und für sich genommen nie eindeutig. Sie als »Werte an sich« fixieren heißt sie leblos machen. Ihre Seele ist der letzte Wunsch. Nur durch ihn bekommen sie humanen Atem.

---

[150] M. Horkheimer, *Theismus – Atheismus*, Ges. Schriften, Bd. 7, Frankfurt am Main 1985, S. 185 f.
[151] F. Nietzsche, *Also sprach Zarathustra*, KSA 4, S. 404

Abbildungshinweis

Die Abbildungen auf den Seiten 65–71 sind dem Ausstellungskatalog *Okkultismus und Avantgarde. Von Munch bis Mondrian 1900–1915. Schirn Kunsthalle. Frankfurt am Main 1995* entnommen.

Christoph Türcke*

Seine Bücher bei **zu** KLAMPEN!

- *Heilige Hure Vernunft.* Luthers nachhaltiger Zauber (zusammen mit F.- W. Pohl, 1991)
- *Vermittlung als Gott.* Kritik des Didaktikkults (2. Aufl. 1994)
- *Gewalt und Tabu.* Philosophische Grenzgänge (2. Aufl. 1992)
- *Zum ideologiekritischen Potential der Theologie.* Konsequenzen einer materialistischen Paulus-Interpretation (3. Aufl. 1990)
- *Die neue Geschäftigkeit.* Zum Ethik- und Geistesbetrieb (2. Aufl. 1992)
- *Religionswende.* Eine Dogmatik in Bruchstücken (1995)
- *Kassensturz.* Zur Lage der Theologie (2. Aufl. 1997)
- *Der tolle Mensch.* Nietzsche und der Wahnsinn der Vernunft (3. Aufl. 2000)
- *Sexus und Geist.* Philosophie im Geschlechterkampf (3. Aufl. 2001)

* *Christoph Türcke, Jahrgang 1948, studierte Theologie und Philosophie. Er lehrt Philosophie an der Hochschule für Graphik und Buchkunst Leipzig und an der Universität Leipzig.*

zu KLAMPEN!

zu Klampen Verlag · Röse 21 · 31832 Springe
Fon 0 50 41 - 80 11 33 · Fax 0 50 41 - 80 13 36 · www.zuklampen.de · info@zuklampen.de